PARAMAHANSA JOGANANDA
(1893 – 1952)

MĄDROŚCI
Paramahansy Joganandy

Self-Realization Fellowship
FOUNDED 1920
Paramahansa Yogananda

O TEJ KSIĄŻCE: Powiedzenia, anegdoty i mądre porady Paramahansy Joganandy zawarte w tej książce zostały po raz pierwszy wydane po jego śmierci w 1952 r. przez Self-Realization Fellowship w *The Master Said* (Powiedzenia Mistrza). Książka ta została opracowana i wydana przez członków monastycznego zakonu Self-Realization Fellowship, założonego przez Paramahansę Joganandę, i od tego czasu, od ponad czterdziestu lat, jest bez przerwy w druku. Jesteśmy wdzięczni wszystkim tym, którzy podzielili się z nami swoimi przeżyciami i osobistymi rozmowami ze Śri Joganandą.

Tytuł oryginału w języku angielskim wydanego przez
Self-Realization Fellowship, Los Angeles (Kalifornia):
Sayings of Paramahansa Yogananda

ISBN-13: 978-0-87612-115-3
ISBN-10: 0-87612-115-6

Przekład na polski: Self-Realization Fellowship
Copyright © 2016 Self-Realization Fellowship

Wydanie autoryzowane przez International Publications Council of *Self-Realization Fellowship*

Nazwa i emblemat *Self-Realization Fellowship* (widoczny powyżej) widnieją na wszystkich książkach, nagraniach oraz innych publikacjach wydanych przez SRF i upewniają czytelnika, że są to oryginalne prace organizacji założonej przez Paramahansę Joganandę i że wiernie przekazują jego nauki.

Pierwsze wydanie w języku polskim przez *Self-Realization Fellowship*, 2016
First edition in Polish from Self-Realization Fellowship, 2016

To wydanie 2016
This printing 2016

ISBN-13: 978-0-87612-718-6
ISBN-10: 0-87612-718-9

1219-J2101

SPIS TREŚCI

Słowo wstępne.. viii
Mądrości Paramahansy Joganandy.. 3
Paramahansa Jogananda: Jogin w życiu i śmierci................. 103
Cele i ideały Self-Realization Fellowship 104
Słowniczek.. 112

ILUSTRACJE

Paramahansa Jogananda:

na okładce

Na Konwokacji Self-Realization Fellowship,
    Beverly Hills, Kalifornia, 1949 r. 23
Podczas medytacji, Dihika, Indie, 1935 r................................. 35
Obok świątyni Self-Realization Fellowship,
    San Diego, Kalifornia, 1949 r. 48
Z gubernatorem Goodwinem J. Knightem, poświęcenie
    India Hall, Hollywood, Kalifornia, 1951 r......................... 62
Z Udajem i Amalą Śankar w ośrodku-aśramie
    w Encinitas, Kalifornia, 1950 r. 62
Przemówienie w Lake Shrine, Pacific Palisades
    Kalifornia, 1950 r. 79

Inne:
Międzynarodowa Siedziba Główna Self-Realization
    Fellowship, Los Angeles, Kalifornia...................................... 94

Duchowe Dziedzictwo
Paramahansy Joganandy

W sto lat po swoich narodzinach Paramahansa Jogananda został uznany za jedną z najwybitniejszych duchowych postaci naszych czasów, a wpływy jego życia i działalności stale wzrastają. Liczne religijne i filozoficzne koncepcje i metody, które przedstawił wiele dekad temu znajdują obecnie swój wyraz w edukacji, psychologii, biznesie, medycynie oraz innych sferach działalności — przyczyniając się w dalekosiężny sposób do bardziej zintegrowanej, humanitarnej i duchowej wizji ludzkiego życia.

Fakt, że nauki Paramahansy Joganandy są interpretowane oraz twórczo wykorzystywane w wielu różnych dziedzinach, a także przez przedstawicieli różnorodnych filozoficznych i metafizycznych ruchów, wskazuje nie tylko na ogromną praktyczną użyteczność tego, czego nauczał. Wskazuje to również jasno na potrzebę zastosowania pewnych środków zapewniających, że duchowe dziedzictwo, które pozostawił, nie zostanie spłycone, podzielone lub wypaczone wraz z upływem czasu.

Wraz ze wzrostem liczby źródeł informacji na temat Paramahansy Joganandy, czytelnicy czasem pytają, jak mogą być pewni, że publikacja dokładnie odzwierciedla jego życie i nauki. W odpowiedzi na te pytania, chcielibyśmy wyjaśnić, że Śri Jogananda założył Self-Realization Fellowship [1], aby roz-

---

[1] W dosłownym tłumaczeniu „Stowarzyszenie Samorealizacji". Paramahansa Jogananda wyjaśnił, że nazwa Self-Realization Fellowship oznacza „wspólnotę z Bogiem poprzez samorealizację i przyjaźń ze wszystkimi poszukującymi prawdy duszami". Zobacz także „Cele i ideały Self-Realization Fellowship".

powszechniać swoje nauki i zachować ich wierność i spójność dla przyszłych pokoleń. Sam osobiście wybrał i przeszkolił spośród swoich najbliższych uczniów tych, którzy prowadzą Radę Wydawniczą Self-Realization Fellowship i przekazał im ścisłe wytyczne dotyczące przygotowywania i wydawania jego wykładów, pism oraz *Lekcji Self-Realization Fellowship*. Członkowie Rady Wydawniczej SRF uznają nienaruszalną świętość tych wytycznych, dbając o to, aby uniwersalne przesłanie tego ukochanego światowego nauczyciela mogło przetrwać w swojej oryginalnej sile i autentyczności.

Nazwa Self-Realization Fellowship oraz emblemat SRF (poprzedzający tytuł tego rozdziału) zostały stworzone przez Paramahansę Joganandę, aby identyfikowały organizację, którą założył w celu kontynuowania jego duchowego i humanitarnego dzieła na całym świecie. Pojawiają się one na wszystkich wydanych przez Self-Realization Fellowship książkach, nagraniach audio i wideo, filmach oraz innych publikacjach, aby dać pewność czytelnikowi, że są to publikacje organizacji założonej przez Paramahansę Joganandę i że wiernie przekazują jego nauki, tak jak on sam zamierzał je przekazać.

Self-Realization Fellowship

SŁOWO WSTĘPNE

Kogo można z całą słusznością nazwać mistrzem?
Z pewnością żadna zwyczajna osoba nie jest godna tego
tytułu. Rzadko też pojawia się na ziemi ktoś z grona
świętych, do kogo zwracał się Mistrz galilejski mówiąc:
„Kto we Mnie (Świadomość Chrystusową) wierzy, bę-
dzie także dokonywał tych dzieł, których ja dokonuję"[2].

Ludzie stają się mistrzami swojego małego ja, czy-
li ego, poprzez wyeliminowanie wszystkich pragnień,
oprócz jednego – pragnienia Boga, poprzez żarliwe
oddanie się Jemu, i poprzez głęboką medytację, czy-
li duchowe obcowanie z Uniwersalnym Duchem. Ten,
którego świadomość jest niewzruszenie ustanowiona
w Panu, wyłącznej Rzeczywistości, ma słuszne prawo
być nazywany mistrzem.

Paramahansa Jogananda, którego słowa zostały z piety-
zmem odnotowane w tej książce był światowym nauczycielem.
Wskazując na istotę jedności wszystkich wielkich pism świętych,
starał się on połączyć Wschód i Zachód trwałymi więzami duchowego zrozumienia. Poprzez swoje życie i pisarstwo rozniecił
w niezliczonych sercach boską iskrę miłości do Boga. Z pełną
stanowczością kierował się w swoim życiu najwyższymi zasadami religii; i oświadczał, że wszyscy wierni Niebieskiego Ojca, bez
względu na swoje wyznanie są Jemu tak samo drodzy.

[2] Jan 14:12.

Uniwersyteckie wykształcenie oraz wiele lat duchowego treningu w jego rodzinnych Indiach, w spartańskiej dyscyplinie jego guru (duchowego nauczyciela), Swami Śri Jukteświara, przygotowały Paramahansę Joganandę do jego misji na Zachodzie. Przyjechał on do Bostonu w 1920 roku jako delegat na Kongres Liberałów Religijnych i pozostał w Ameryce przez ponad trzydzieści lat (z wyjątkiem wizyty w Indiach w latach 1935–36).

Jego wysiłki przebudzenia w innych pragnienia zestrojenia się z Bogiem przyniosły ogromny sukces. W setkach miast jego warsztaty jogi [3] biły wszelkie rekordy zainteresowania. On sam osobiście wprowadził w arkana jogi sto tysięcy studentów.

Dla wiernych, którzy pragnęli pójść ścieżką zakonną, Mistrz założył kilka ośrodków-aśramów Self-Realization Fellowship w południowej Kalifornii. W nich wielu poszukiwaczy prawdy studiuje, pracuje i zajmuje się praktykami medytacyjnymi, które wyciszają umysł i rozbudzają świadomość duchową.

Następujące wydarzenie z życia Mistrza w Ameryce ilustruje serdeczne przyjęcie okazane mu przez ludzi posiadających zdolność duchowej percepcji:

Podczas tournée po różnych częściach Stanów Zjednoczonych zatrzymał się on na jeden dzień w chrześcijańskim klasztorze. Bracia zakonni przyjęli go z pewnymi obawami, ze względu na jego ciemną skórę, długie włosy i pomarańczową szatę – tradycyjne okrycie mnichów z zakonu Swamich[4]. Myśląc o nim jako o poganinie, o mało nie odmówili mu audiencji u opata, kiedy właśnie ten dobry człowiek wszedł do pokoju. Z promienną twarzą i otwartymi ramionami, podszedł i objął Śri Paramahansę, wołając: „Człowieku od Boga! Cieszę się, że przybywasz".

Książka ta ukazuje inne migawki z życia Mistrza odzwieciedlające jego wieloaspektową naturę, promieniującą

---

[3] Patrz słowniczek
[4] Patrz słowniczek

współczującym zrozumieniem człowieka i bezgraniczną miłością do Boga.

Wydanie tego wyboru mądrości Mistrza jest przywilejem i świętą misją dla Self-Realization Fellowship, stowarzyszenia założonego przez Paramahansę Joganandę w celu rozpowszechniania i utrwalania jego nauk i pism. Tomik ten dedykowany jest jego wszechświatowej rodzinie studentów Self-Realization Fellowship oraz innym poszukiwaczom prawdy.

O autorze

*„Ideał miłości do Boga i służby dla ludzkości zna-
lazł swój pełen wyraz w życiu Paramahansy Joganandy.
[...] Chociaż większą część swojego życia spędził poza
Indiami, to zajmuje on godne miejsce pośród naszych
wielkich świętych. Jego dzieło nieustannie wzrasta
i błyszczy coraz jaśniej, przyciągając zewsząd ludzi na
ścieżkę pielgrzymki Ducha".*

Tymi słowami rząd indyjski złożył hołd założycielowi organizacji Self-Realization Fellowship/Yogoda Satsanga Society
of India z okazji wydania pamiątkowego znaczka, 7 marca
1977 roku, w dwudziestą piątą rocznicę śmierci Paramahansy
Joganandy.

Paramahansa Jogananda przybył do Stanów w 1920 roku
jako delegat Indii na Międzynarodowy Kongres Liberałów
Religijnych. W roku 1925 w Los Angeles ustanowił międzyna-
rodową siedzibę dla Self-Realization Fellowship, skąd studen-
ci na całym świecie mogą otrzymywać drukowane tam *Lekcje
Self-Realization* na temat *krija-jogi*, naukowych metod medytacji i sztuki duchowego życia. W naukach tych kładzie się nacisk
na zrównoważony rozwój ciała, umysłu i duszy, a ich celem jest
bezpośrednie osobiste doświadczenie Boga.

„Paramahansa Jogananda przywiózł z Indii na Zachód nie
tylko odwieczną obietnicę Bożego urzeczywistnienia, ale również i praktyczną metodę, dzięki której osoby ze wszystkich
klas społecznych dążące do rozwoju swojej duchowości mogą
szybko podążać do celu", napisał Quincy Howe Jr., profesor
Katedry Języków Starożytnych w Scripps College. „Doceniane

uprzednio na Zachodzie jedynie na najbardziej wzniosłym i abstrakcyjnym poziomie, duchowe dziedzictwo Indii jest obecnie dostępne jako praktyka i doświadczenie dla wszystkich, którzy aspirują do poznania Boga, nie w życiu pośmiertnym, ale tutaj i teraz. […] Jogananda umieścił najbardziej ekstatyczne metody kontemplacji w zasięgu każdego człowieka".

Obecnie, duchowe i humanitarne dzieło rozpoczęte przez Paramahansę Joganandę kontynuowane jest pod zwierzchnictwem Śri Mrinalini Maty, przewodniczącej Self-Realization Fellowship/Yogoda Satsanga Society of India. Życie i nauki Śri Joganandy opisane zostały w jego *Autobiografii jogina*.

MĄDROŚCI
PARAMAHANSY JOGANANDY

Mądrości
Paramahansy Joganandy

– Panie, co mam zrobić, żeby odnaleźć Boga? – zapytał uczeń.

– Podczas każdego krótkiego odpoczynku – odpowiedział Mistrz – zanurz swój umysł w nieskończonej myśli o Nim. Rozmawiaj z Nim poufale; On jest najbliższym z bliskich, najdroższym spośród Ci drogich. Kochaj Go tak jak skąpiec kocha pieniądze, jak żarliwy człowiek kocha swoją ukochaną, jak tonący kocha oddech. Kiedy będziesz tęsknił do Niego intensywnie, On do ciebie przyjdzie.

. . .

Uczeń żalił się Mistrzowi, że nie może znaleźć pracy.

– Nie trzymaj się tej destrukcyjnej myśli – powiedział Guru[1]. – Jako że jesteś częścią wszechświata, zajmujesz w nim istotne miejsce. Jeśli konieczne, potrząśnij światem, żeby znalazł ci pracę! Nie poddawaj się, a osiągniesz sukces.

. . .

– Przykro mi, ale brak mi wiary, Mistrzu – powiedział mężczyzna.

[1] Patrz słowniczek

– Wiara musi być kultywowana lub raczej odkrywana wewnątrz nas – odrzekł Paramahansadźi. – Ona tam się znajduje, ale musi zostać wydobyta. Jeśli będziesz obserwował swoje życie, to dostrzeżesz niezliczone sposoby, jakich Bóg używa w Swoim działaniu; w ten sposób twoja wiara się umocni. Niewielu szuka Jego niewidzialnej ręki. Większość ludzi uważa, że bieg wypadków jest naturalny i nieunikniony. Niewiele wiedzą o tym, jakie radykalne zmiany możliwe są dzięki modlitwie!

· · ·

Pewna uczennica obrażała się, kiedy zwracano jej uwagę na popełniane przez nią błędy. Pewnego dnia Paramahansadźi powiedział:

– Dlaczego sprzeciwiasz się, gdy cię poprawiają? Czyż nie po to właśnie tu jestem? Mój guru często ganił mnie w obecności innych. Nie miałem o to żalu, ponieważ wiedziałem, że Śri Jukteśwardźi starał się uwolnić mnie z niewiedzy. Obecnie nie jestem wrażliwy na krytykę; nie ma już we mnie chorych miejsc, które bolą, kiedy ktoś je dotyka. To dlatego mówię ci jasno o twoich wadach. Jeśli nie uleczysz bolących miejsc w swoim umyśle, to będziesz krzywić się z bólu za każdym razem, kiedy ktoś ich dotknie.

· · ·

– Pan zaaranżował dla nas wizytę na tej ziemi – powiedział Mistrz do grupy uczniów – ale większość z nas stała się niepożądanymi gośćmi z powodu uważania pewnych rzeczy, znajdujących się tutaj, za swoje własne. Zapominając o doczesnej naturze naszego pobytu, wykształcamy różne przywiązania: „mój dom", „moja praca", „moje pieniądze", „moja rodzina". Kiedy jednak wygasa nasza ziemska wiza, to znikają wszelkie więzy ludzkie. Jesteśmy zmuszeni do pozostawienia za sobą wszystkiego, co jak sądziliśmy, posiadamy. Tym Jedynym, który nam wszędzie towarzyszy, jest nasz Wieczny Krewny, Bóg. Uświadomcie sobie *teraz*, że każdy z was jest duszą, a nie ciałem. Po cóż czekać, aż śmierć brutalnie nam to uświadomi?

. . .

Mistrz uznał za konieczne zganić ucznia z powodu jego poważnego błędu. Później rzekł z westchnieniem:
– Pragnę wpływać na innych jedynie miłością. Opadam z sił, kiedy jestem zmuszony trenować ich w inny sposób.

. . .

Arogancki intelektualista, roztrząsający skomplikowane problemy filozoficzne, starał się wprawić Mistrza w zakłopotanie. Paramahansadźi powiedział, uśmiechając się:
– Prawda nigdy nie obawia się pytań.

. . .

– Zbyt głęboko uwikłałem się w błędy, aby dokonać duchowego postępu – wyznał uczeń Śri Paramahansie. – Moje złe nawyki są tak silne, że próby walki z nimi wyczerpały mnie.
– Czy lepiej będziesz sobie z nimi radził jutro niż dzisiaj? – spytał Mistrz. – Po cóż dodawać dzisiejsze błędy do wczorajszych? I tak będziesz musiał zwrócić się kiedyś do Boga, więc czy nie lepiej zrobić to już teraz? Po prostu oddaj się Jemu i powiedz: „Panie, czy dobry czy zły, jestem Twoim dzieckiem, musisz się mną zaopiekować". Jeśli wytrwasz w swoich

staraniach, to się poprawisz. „Święty to grzesznik, który nigdy się nie poddał".

. . .

– Z braku wewnętrznej radości, człowiek skłania się ku złu – powiedział Mistrz. – Medytacja o Bogu-Szczęśliwości przepełnia nas dobrocią.

. . .

– Ciało, umysł i dusza są ze sobą wzajemnie powiązane – powiedział Mistrz. – Macie obowiązki wobec ciała – utrzymywanie go w sprawności; obowiązki wobec umysłu – rozwijanie jego zdolności; i obowiązki wobec duszy – codzienna medytacja o Źródle swojego istnienia. Jeśli będziecie wypełniali swoje codzienne obowiązki wobec duszy, to ciało i umysł również na tym skorzystają; ale jeśli zaniedbacie duszę, to w końcu ciało i umysł również na tym ucierpią.

. . .

– Wszystko w stworzeniu posiada indywidualność – powiedział Mistrz. – Pan nigdy Siebie nie powtarza. Podobnie i w boskim poszukiwaniu człowieka występują nieskończone warianty podejścia i wyrażania się. Romans każdego wiernego z Bogiem jest unikalny.

. . .

– Czy twój trening pomaga uczniom odnaleźć spokój w sobie? – zapytał pewien gość.
Paramahansadźi odpowiedział:
– Tak. Ale nie jest to moim głównym celem nauczania.

Najlepiej jest odnaleźć spokój w Bogu.

· · ·

Pewien gość pustelni wyraził wątpliwość co do nieśmiertelności człowieka. Mistrz powiedział:
– Spróbuj sobie uświadomić, że jesteś boskim podróżnikiem. Jesteś tutaj jedynie przez krótką chwilę, a następnie odchodzisz do innego fascynującego świata[2]. Nie ograniczaj swoich myśli do jednego krótkiego życia i jednej małej ziemi. Pamiętaj o ogromie Ducha, który w tobie zamieszkuje.

· · ·

– Człowiek i Natura są ze sobą nierozerwalnie połączone i związane wspólnym losem – powiedział Mistrz. – Siły Natury współpracują, aby służyć człowiekowi; słońce, ziemia, wiatr, deszcz wspomagają go przy produkcji żywności. Człowiek kieruje Naturą. Powodzie, tornada, trzęsienia ziemi i wszystkie inne katastrofy są skutkiem wszelkiego rodzaju złych myśli ludzi. Każdy przydrożny kwiat jest wyrazem czyjegoś uśmiechu, każdy komar ucieleśnieniem czyjejś kąśliwej obmowy. Służebna Natura buntuje się i staje się niesforna, kiedy jej mistrz śpi. Im bardziej człowiek jest przebudzony duchowo, tym łatwiej jest mu kontrolować Naturę.

· · ·

– Mleko wlane do wody miesza się z nią; ale masło, ubite z mleka, pływa na powierzchni wody – powiedział Mistrz.

---

[2] Patrz „światy astralne" w słowniczku

– Podobnie, mleko umysłu zwykłej osoby szybko zostaje rozcieńczone wodami ułudy. [3] Człowiek o dyscyplinie duchowej ubija mleko swojego umysłu w maślany stan boskiej stabilności. Wolny od ziemskich pragnień i przywiązań, potrafi pogodnie unosić się na wodach codziennego życia, zawsze oddany Bogu.

· · ·

Kiedy pewna uczennica zachorowała, Paramahansadźi poradził jej pójść do lekarza.

– Mistrzu, dlaczego *Ty* jej nie uzdrowiłeś? – zapytał uczeń.

– Ci, którzy otrzymali od Boga zdolności uzdrawiania używają ich wówczas, kiedy tak każe Bóg – odrzekł Guru. – Pan wie, że czasem konieczne jest, żeby dzieci poddały się cierpieniu. Ludzie, którzy chcą boskiego uzdrowienia powinni być gotowi na życie zgodne z boskimi prawami. Żadne trwałe uzdrowienie nie jest możliwe, jeśli osoba nieustannie popełnia te same błędy i w ten sposób umożliwia powrót choroby. Prawdziwe uzdrowienie można wywołać jedynie poprzez duchowe zrozumienie – ciągnął dalej. – Ludzka nieznajomość własnej prawdziwej natury, czyli duszy, jest główną przyczyną wszelkiego innego zła: fizycznego, materialnego i mentalnego.

· · ·

– Panie, wydaje mi się, że nie robię postępów w moich medytacjach. Niczego nie widzę i nie słyszę – powiedział uczeń.

Mistrz odpowiedział:

– Poszukuj Boga dla Niego samego. Najwyższą percepcją jest odczuwać Go jako Szczęśliwość, wytryskującą z twoich

---

[3] Patrz „maja" w słowniczku

nieskończonych głębin. Nie pragnij wizji, duchowych zjawisk lub podniecających doświadczeń. Ścieżka do boskości nie jest cyrkiem!

. . .

– Cały wszechświat zbudowany jest z Ducha – powiedział Mistrz do grupy uczniów. – Gwiazda, kamień, drzewo i człowiek na równi składają się z Jedynej Substancji, Boga. Aby powołać do życia zróżnicowany świat, Pan musiał nadać wszystkiemu *pozór* indywidualności. Szybko znudzilibyśmy się ziemskim spektaklem, gdybyśmy mogli z łatwością zobaczyć, że tylko jedna Osoba tworzy to przedstawienie: pisze scenariusz, maluje sceny, zarządza obsadą, odgrywa wszystkie role. Ale „spektakl musi trwać"; zatem Mistrz Dramaturg ujawnił w całym kosmosie niewyobrażalną pomysłowość i niewyczerpaną różnorodność. Nierealności przypisał on pozorną realność.

– Mistrzu, dlaczego „spektakl musi trwać"? – dopytywał się uczeń.

– Jest to Boska *lila*, gra lub sport – odpowiedział Guru. – Bóg ma prawo rozdzielać się wielokrotnie, jeśli tak zechce. Sprawa polega na tym, żeby człowiek potrafił przejrzeć Jego grę. Gdyby Bóg nie okrył Siebie zasłoną *maji*, to nie mogłoby być Kosmicznej Gry stworzenia. Wolno nam bawić się z Nim w chowanego, próbować Go odszukać i zdobyć Wielką Nagrodę.

. . .

– Wiem, że gdybym nie miał niczego, to w was wszystkich mam przyjaciół, którzy zrobiliby dla mnie wszystko – powiedział Mistrz grupie uczniów. – A wy wiecie, że we mnie macie przyjaciela, który pomoże wam w każdy sposób. Patrząc na siebie wzajemnie, widzimy Boga. Jest to najpiękniejszy związek.

．　．　．

Mistrz zwykle wymagał ciszy wśród skupionych wokół niego. Wyjaśniał to w taki sposób:

– Z głębin ciszy tryska niezawodnie gejzer boskiej szczęśliwości i spływa na istotę człowieka.

．　．　．

Uczniowie uważali za przywilej, kiedy mogli służyć Guru, który nieprzerwanie pracował dla ich dobra. Do grupy wiernych, którzy wykonali dla niego pewną pracę, Mistrz rzekł:

– Jesteście dla mnie tacy uprzejmi, poświęcając mi tyle uwagi.

– O nie! To ty Mistrzu jesteś bardzo uprzejmy dla nas – wykrzyknęli uczniowie.

– Bóg pomaga Bogu – powiedział Paramahansadźi słodko się uśmiechając. – Na tym polega „intryga" Jego dramatu ludzkiego życia.

．　．　．

– Zniszcz wszystkie pragnienia, pozbądź się ego. Wszystko to brzmi dla mnie negatywnie, Mistrzu – zauważył uczeń. – Co mi pozostanie, kiedy to wszystko porzucę?

– Tak naprawdę, wszystko, ponieważ będziesz bogaty w Duchu, Uniwersalnej Substancji – odpowiedział Mistrz. – Nie będąc już dłużej otumanionym żebrakiem, zadowalającym się skórką chleba i kilkoma cielesnymi wygodami, odzyskasz swoje wzniosłe miejsce jako syn Nieskończonego Ojca. Nie jest to negatywny stan! – Po czym dodał: – Przepędzenie ego pozwala na to, aby zabłysnęła prawdziwa Jaźń. Boskie urzeczywistnienie jest stanem niemożliwym do wyjaśnienia, ponieważ niczego nie można z nim porównać.

.   .   .

Wyjaśniając grupie uczniów pojęcie Trójcy, Mistrz użył porównania:

– Możemy powiedzieć, że Bóg Ojciec, istniejący w pustce pozbawionej wibracji, poza zjawiskami, jest Kapitałem, który „finansuje" stworzenie. Syn, czyli inteligentna Chrystusowa Świadomość, która przenika wszechświat, jest Zarządcą. A Duch Święty, czyli boska wibracyjna moc, która stwarza wszystkie formy, jest Siłą Roboczą[4].

.   .   .

– Mistrzu nauczyłeś nas, żeby nie modlić się o rzeczy, ale żeby pragnąć jedynie, by Sam Bóg nam się objawił. Czy nigdy nie powinniśmy prosić Go, żeby zaspokoił naszą konkretną potrzebę? – spytał uczeń.

– Nie ma w tym nic złego, mówić Bogu, że czegoś potrzebujemy – odpowiedział Paramahansadźi – ale większą wiarę wykażemy, jeśli po prostu powiemy: „Ojcze Niebieski, ja wiem, że Ty przewidujesz każdą moją potrzebę. Doświadczaj mnie wedle Swej woli". Jeśli człowiek bardzo pragnie posiadać, na przykład samochód, i modli się o niego z wystarczającą intensywnością, to go otrzyma. Ale posiadanie samochodu może nie być najlepszą dla niego rzeczą. Czasami Pan odmawia naszym

---

4 Patrz „Sat-Tat-Aum" w słowniczku

drobnym modlitwom, ponieważ zamierza obdarzyć nas lepszym darem. – I dodał: – Ufajcie bardziej Bogu. Wierzcie, że Ten, który was stworzył, również was utrzyma.

. . .

Uczeń, który czuł, że nie zdał ważnego duchowego testu, piętnował samego siebie. Mistrz powiedział mu:

– Nie myśl o sobie jak o grzeszniku. Czyniąc tak, profanujesz boski wizerunek w sobie. Po cóż utożsamiać się ze swoimi słabościami? Zamiast tego, afirmuj prawdę: *Jestem dzieckiem Boga*. Módl się do Niego: „Zły czy dobry, należę do Ciebie. Obudź ponownie moją pamięć o Tobie, Ojcze Niebieski!".

. . .

– Często myślę, że Bóg zapomina o człowieku – komentował gość w pustelni w Encinitas [5]. – Pan z pewnością zachowuje Swój dystans.

– To raczej człowiek zachowuje dystans – odpowiedział Mistrz. – Kto poszukuje Boga? Mentalne świątynie większości osób wypełnione są bożkami niespokojnych myśli i pragnień; Pan jest ignorowany. Mimo wszystko, od czasu do czasu, zsyła On Swoich oświeconych synów, aby przypomnieli człowiekowi o jego boskim dziedzictwie. Bóg nigdy nas nie opuszcza. Działa On po cichu na różne sposoby, żeby wspomóc swoje umiłowane dzieci i żeby przyśpieszyć ich duchowy rozwój.

. . .

[5] Encinitas jest małą nadmorską miejscowością w południowej Kalifornii. Znajduje się tam Centralny Aśram SRF założony przez Joganandę w 1937 roku

Młodemu wiernemu szukającemu jego porady, Mistrz powiedział:

– Świat kreuje w tobie złe nawyki, ale świat nie będzie odpowiedzialny za twoje błędy wynikłe z tych złych nawyków. A zatem, po cóż poświęcać cały czas temu fałszywemu przyjacielowi, światu? Zarezerwuj godzinę dziennie na naukowe odkrywanie duszy. Czyż Pan, Dawca twojego życia, twojej rodziny, twoich pieniędzy i pozostałych rzeczy, nie zasługuje na jedną dwudziestoczwartą część twojego czasu?

. . .

– Panie, dlaczego niektóre osoby ośmieszają świętych? – zapytał uczeń.

– Źli ludzie nienawidzą prawdy – powiedział Mistrz – a przyziemni ludzie zadowalają się codziennością życia. Nikt z nich nie chce się zmienić; a zatem myśl o świętym jest dla nich niewygodna. Można ich porównać do człowieka, który przez wiele lat mieszkał w ciemnym pokoju. Ktoś wchodzi i zapala światło. Dla na wpół ślepego człowieka, nagła jasność wydaje się nienaturalna.

. . .

Mówiąc pewnego dnia o uprzedzeniach rasowych, Mistrz powiedział:

– Bóg nie jest szczęśliwy, gdy się Go obraża, kiedy nosi ciemne ubrania.

. . .

– Nie powinniśmy bać się ani koszmarów bólu, ani być nadmiernie uniesieni przez sny pięknych doświadczeń – powiedział Mistrz. – Rozwodząc się nad nieuniknioną dwoistością, lub „parą przeciwieństw" *maji*, gubimy myśli o Bogu, Niezmiennej Siedzibie Szczęśliwości. Kiedy się w Nim przebudzimy, uświadomimy sobie, że doczesne życie jest jedynie obrazem składającym się z cieni i światła, wyświetlanym na kosmicznym ekranie filmowym.

. . .

– Chociaż próbuję uspokoić umysł, to brak mi siły, żeby odpędzić niespokojne myśli i spenetrować świat wewnętrzny – stwierdził gość. – Chyba brakuje mi oddania.

– Siedzenie w ciszy w celu, aby odczuwać oddanie, często może prowadzić donikąd – powiedział Mistrz. – To dlatego nauczam naukowych technik medytacji. Praktykuj je, a będziesz mógł odłączyć umysł od zakłóceń zmysłowych oraz od nieustannego potoku myśli. – I dodał: – Dzięki *krija-jodze*[6] nasza świadomość funkcjonuje na wyższej płaszczyźnie; a wtedy oddanie Nieskończonemu Duchowi budzi się w ludzkim sercu spontanicznie.

. . .

Śri Joganandadźi w następujący sposób opisał stan „bierności" wzmiankowany w Bhagawad Gicie[7] mówiąc:

– Kiedy prawdziwy jogin działa, to karmicznie wygląda to tak, jak pisanie na wodzie. Nie pozostaje żaden ślad[8].

. . .

---

[6] Patrz słowniczek
[7] Patrz słowniczek
[8] Tzn. nie zachowuje się żaden zapis karmiczny. Jedynie mistrz jest wolnym człowiekiem – kimś nieskrępowanym karmą (nieodwołalnym kosmicznym prawem, które czyni nieoświecone osoby odpowiedzialnymi za swoje myśli i uczynki).

Pewien uczeń miał trudności z pojmowaniem tego, że Bóg zamieszkuje w ciele człowieka. Mistrz powiedział:

– Tak jak węgle żarzące się czerwonością ujawniają obecność ognia, tak i cudowny mechanizm ciała ujawnia przyczynową obecność Ducha.

. . .

– Niektórzy myślą, że jeśli wierny nie przechodzi przez ciężkie próby, to nie jest on świętym. Inni twierdzą, że człowiek, który urzeczywistnił Boga, powinien być wolny od wszelkiego cierpienia – powiedział Mistrz podczas wykładu. – Życie każdego mistrza przebiega według pewnego niewidocznego szablonu. Św. Franciszka nękały choroby; w pełni wyzwolony Chrystus pozwolił się ukrzyżować. Inne wielkie osobowości, takie jak Św. Tomasz z Akwinu i Lahiri Mahaśaja [9] przeżyli swoje dni bez ogromnego stresu lub tragedii. Święci osiągają ostateczne zbawienie w różnorodnych środowiskach. Prawdziwi mędrcy demonstrują to, że bez względu na warunki zewnętrzne, potrafią odzwierciedlać Boski Wizerunek wewnątrz siebie. Odgrywają oni każdą rolę, zgodnie z wolą Boga, czy jest ona zgodna z opinią publiczną, czy też nie.

. . .

Młody mieszkaniec pustelni uwielbiał robić psikusy. Życie było dla niego nieustanną komedią. Jego zabawy, czasami dobrze widziane, od czasu do czasu przeszkadzały innym wiernym w ich pogodnym skupieniu umysłu na Bogu. Pewnego dnia Paramahansadźi łagodnie zbeształ chłopca.

– Powinieneś nauczyć się być nieco poważniejszym – zaznaczył.

[9] Patrz słowniczek

– Tak, Mistrzu – odpowiedział uczeń, szczerze żałując swojego zachowania. – Ale mój nawyk jest tak silny! Jakże mam się zmienić bez twojego błogosławieństwa?

Guru uroczyście upewnił go:

– Masz moje błogosławieństwo, masz błogosławieństwo Boże. Jedynie potrzebne jest twoje własne błogosławieństwo!

. . .

– Bóg rozumie was, kiedy nikt was nie rozumie – powiedział Mistrz. – On jest tym Ukochanym, który zawsze was hołubi, bez względu na wasze błędy. Inni poświęcają wam uwagę przez chwilę, a potem was porzucają, ale On was nigdy nie porzuci. Na niezliczone sposoby Bóg codziennie szuka waszej miłości. Nie karze was, jeśli Mu odmawiacie, ale to wy sami karzecie siebie. Odkrywacie, że „wszystkie rzeczy zdradzają tego, który zdradza Mnie" [10].

. . .

– Panie, czy aprobujesz kościelne ceremoniały? – zapytał uczeń.

– Rytuały religijne mogą pomagać człowiekowi w myśleniu o Bogu, jego Nieskończonym Stwórcy. Jeśli jednak jest zbyt wiele rytuałów, to wszyscy zapominają, o co naprawdę chodzi – odpowiedział Mistrz.

. . .

– Czym jest Bóg? – spytał uczeń.

– Bóg jest Wieczną Szczęśliwością – odpowiedział Mistrz.

---

[10] *Pies gończy Niebios,* poemat Francisa Thompsona.

– Jego istotą jest miłość, mądrość i radość. Jest On jednocześnie bezosobowy i osobowy, ujawnia Siebie tak jak ma na to ochotę. Pojawia się przed swoimi świętymi w formie, która jest im droga: Chrześcijanin widzi Chrystusa, Hindus postrzega Krysznę[11] lub Boską Matkę,[12] i tak dalej. Wierni, którzy oddają cześć bezosobowemu Bogu, stają się świadomi Pana jako Nieskończonego Światła albo cudownego dźwięku *Aum*[13], pierwotnego Słowa, Ducha Świętego. Najwyższym doświadczeniem człowieka jest doznawanie tej Szczęśliwości, w której w pełni zawarty jest każdy aspekt Boskości – miłość, mądrość, nieśmiertelność. Ale jak mogę słowami przekazać wam naturę Boga? On jest niewysłowiony, nieopisywalny. Jedynie w głębokiej medytacji poznacie Jego unikalną istotę.

. . .

Po rozmowie z egoistycznym gościem, Mistrz zauważył:
– Deszcze Bożego miłosierdzia nie są w stanie zebrać się na górskich szczytach dumy, ale spływają z łatwością w doliny pokory.

. . .

Za każdym razem, gdy Mistrz widział pewnego ucznia, który był zdecydowanie typem intelektualisty, Guru mówił:
– Praktykuj oddanie! Pamiętaj o słowach Jezusa: „Ojcze, zakryłeś te rzeczy przed mądrymi i roztropnymi, a objawiłeś je prostaczkom"[14].

[11] Patrz słowniczek
[12] Patrz słowniczek
[13] Patrz słowniczek
[14] Mateusz 11:25

Uczeń odwiedził Mistrza krótko przed Bożym Narodzeniem 1951 roku, w jego pustynnej samotni. Na stole leżały jakieś zabawki, przeznaczone na prezenty. Paramahansadźi bawił się nimi przez pewien czas zupełnie jak dziecko, a następnie zapytał młodego człowieka:

– Jak ci się one podobają?

Uczeń usiłując nadal pokonać swoje zaskoczenie, odpowiedział śmiejąc się:

– Są ładne, Panie.

Mistrz uśmiechnął się i zacytował:

– „Pozwólcie dzieciom przychodzić do Mnie i nie przeszkadzajcie im: do takich bowiem należy królestwo Boże" [15].

. . .

Uczeń miał wątpliwości co do mocy swojej duchowej wytrwałości. Aby mu dodać otuchy, Paramahansadźi powiedział:

– Pan nie jest odległy, ale bliski. Ja widzę Go wszędzie.

– Ale, Panie, ty jesteś mistrzem! – zaprotestował mężczyzna.

– Wszystkie dusze są równe – odpowiedział Guru. – Jedyna różnica między mną a tobą jest taka, że ja dokonałem wysiłku. Pokazałem Bogu, że Go kocham, i On do mnie przyszedł. Miłość jest magnesem, od którego Bóg nie może uciec.

. . .

– Skoro swoją świątynię w Hollywood nazywasz „kościołem wszystkich religii", to dlaczego kładziesz szczególny nacisk na chrześcijaństwo? – zapytał pewien gość.

– Takie jest życzenie Babadźiego [16], bym tak czynił

---

[15] Łukasz 18:16
[16] Patrz słowniczek

– powiedział Mistrz. – Poprosił mnie, żebym zinterpretował chrześcijańską Biblię i biblię Hinduską [Bhagawad Gitę], aby wykazać zasadniczą jedność chrześcijańskich i wedyjskich [17] pism świętych. Wysłał mnie na Zachód, abym wypełnił tę misję.

. . .

– Grzech – powiedział Mistrz – to wszystko to, co trzyma człowieka w nieświadomości o Bogu.

. . .

– Mistrzu, jak Jezus mógł zmienić wodę w wino? – zapytał uczeń.

Śri Jogananda odpowiedział:

– Wszechświat jest wynikiem gry światła, wibracji energii życiowej. Ruchome obrazy Bożego świata można zobaczyć dzięki wiązkom światła, podobnie jak wyświetlane na ekranie sceny z filmu. Chrystus postrzegał kosmiczną esencję jako światło; w jego oczach nie było istotnej różnicy pomiędzy promieniami świetlnymi, które tworzą wodę, a promieniami świetlnymi, które tworzą wino. Podobnie jak Bóg na początku stworzenia świata [18], tak samo Jezus potrafił rozkazać wibracjom energii życiowej, żeby przyjęły różne formy. Wszyscy ci, którzy przezwyciężają iluzoryczne sfery względności i dwoistości, wkraczają do prawdziwego świata Jedności. Jednoczą się oni z Wszechmocą, tak jak powiedział to Chrystus: „Kto we Mnie wierzy [kto zna Chrystusową Świadomość], będzie także dokonywał tych dzieł, których ja dokonuję, a nawet większe od tych uczyni, bo ja idę do Ojca [ponieważ wkrótce wracam do Najwyższego – Niezmiennego Absolutu, poza

---

[17] Patrz „Wedy" w słowniczku

[18] „Niech się stanie światłość. I stała się światłość", Ks. Rodzaju 1:3

stworzeniem, poza zjawiskami]" [19]

. . .

– Czy nie wierzysz w małżeństwo, Mistrzu? – zapytał uczeń. – Często mówisz tak, jakbyś był przeciwko niemu.

Paramahansadźi odpowiedział:

– Małżeństwo nie jest konieczne, a raczej jest przeszkodą dla tych, którzy sercem wyrzekli się świata i intensywnie poszukują Boga, Wiekuistego Ukochanego. Ale w zwyczajnych przypadkach nie jestem przeciwko małżeństwu. Dwie osoby, które jednoczą swoje życie po to, aby pomagać sobie wzajemnie na drodze ku boskiemu urzeczywistnieniu, opierają swoje małżeństwo na właściwych zasadach bezwarunkowej przyjaźni. Kobieta jest motywowana głównie uczuciem, a mężczyzna rozumem; zadaniem małżeństwa jest zrównoważenie tych wartości. Dzisiaj nie ma zbyt wielu prawdziwych duchowych związków, ponieważ młodzi ludzie otrzymują niewiele treningu duchowego. Emocjonalnie niedojrzali i niestabilni, są zwykle pod wpływem przelotnego pociągu seksualnego albo ziemskich atrakcji, które lekceważą szlachetny cel małżeństwa. – Po czym dodał: – Często powtarzam: „Najpierw nieodwołalnie utwierdźcie się na duchowej ścieżce; wówczas, jeśli się pobierzecie, nie popełnicie błędu!".

. . .

– Czyż Bóg nie obdarza jednych Swoimi łaskami obficiej niż drugich? – spytał uczeń.

– Bóg wybiera tych, którzy wybierają Jego – odpowiedział Paramahansadźi.

. . .

[19] Jan 14:12 Patrz Sat-Tat-Aum w słowniczku

Dwie panie zostawiały swój samochód na parkingu nieza-mknięty. Mistrz powiedział im:

– Zastosujcie właściwe środki ostrożności. Zamykajcie samochód.

– Gdzie twoja wiara w Boga? – wykrzyknęły.

– Mam wiarę – odpowiedział Paramahansadźi. – Nie oznacza ona jednak nieostrożności.

Ale one nadal pozostawiały samochód niezamknięty. Pewnego dnia, kiedy zostawiły wiele cennych rzeczy na tylnym siedzeniu, złodzieje je ukradli.

– Dlaczego spodziewacie się, że Bóg będzie was ochraniał, je-śli ignorujecie prawa rozsądku i ostrożności? – powiedział Mistrz. – Miejcie wiarę, ale bądźcie praktyczne i nie kuście innych.

∙ ∙ ∙

Niektórzy uczniowie pochłonięci wirem aktywności zanie-dbywali swoje medytacje [20]. Mistrz ostrzegł ich:

– Nie mów: „Jutro będę medytował dłużej". Nagle odkry-jesz, że rok przeleciał bez spełnienia twoich dobrych postano-wień. Zamiast tego powiedz: to czy tamto może poczekać, ale moje poszukiwanie Boga nie może czekać.

∙ ∙ ∙

– Panie – powiedział uczeń – jak to jest, że niektórzy mi-strzowie wydają się wiedzieć więcej niż inni mistrzowie?

– Wszyscy ci, którzy są w pełni wyzwoleni, są równi w mądrości – odpowiedział Paramahansadźi. – Rozumieją oni wszystko, ale rzadko ujawniają tę wiedzę. Aby zadowolić Boga odgrywają rolę, jaką On im przeznaczył. Jeśli wydają się po-pełniać błędy, to dlatego, że takie zachowanie jest częścią ich

---

[20] Patrz „*krija-joga*" w słowniczku

ludzkiej roli. Wewnętrznie pozostają nietknięci przez kontrasty i względność *maji.*

. . .

– Mam kłopoty z utrzymaniem przyjaźni, które nawiązałem – wyznał uczeń.

– Wybieraj swoje towarzystwo ostrożnie – powiedział Paramahansadźi. – Bądź serdeczny i szczery, ale zawsze utrzymuj nieco dystansu i szacunku. Nigdy się z ludźmi nie spoufalaj. Łatwo jest nawiązywać przyjaźnie, ale żeby przyjaźń utrzymać, musisz kierować się tą zasadą.

. . .

– Mistrzu – spytał uczeń – czy dusza może być stracona na zawsze?

– To niemożliwe – odpowiedział Guru. – Każda dusza jest częścią Boga, a zatem jest niezniszczalna.

. . .

– Dla wiernego na właściwej ścieżce, rozwój duchowy jest tak naturalny i tak niezauważalny, jak jego oddychanie – powiedział Mistrz. – Gdy już raz serce człowieka zostanie oddane Bogu, to staje się on tak głęboko w Nim pochłonięty, że rzadko uświadamia sobie, że rozwiązał już wszystkie życiowe problemy. Inni zaczynają nazywać go „Guru". Zdumiony myśli: „Co, ten grzesznik stał się świętym? Panie, niech Twój wizerunek stanie się tak jasnym na mojej twarzy, że nikt nie będzie widzieć *mnie*, tylko *Ciebie!*".

. . .

Paramahansa Jogananda w czasie nieformalnego spotkania
z przyjaciółmi i członkami Self-Realization,
Beverly Hills, Kalifornia, 1949 r.

Pewien uczeń poddawał siebie nieustannemu samoegzaminowaniu w poszukiwaniu oznak duchowego rozwoju. Mistrz rzekł do niego:

– Jeśli posadzisz roślinę i będziesz ją codziennie wykopywał, żeby zobaczyć czy rośnie, to ona nigdy się nie zakorzeni. Dobrze się nią zajmij, ale nie bądź ciekawski!

. . .

– Jakże dziwną osobą jest G_____! – Kilku uczniów dyskutowało o dziwactwach różnych osób.

– Czemu się tak dziwicie? – rzekł Mistrz. – Ten świat to zoo Pana Boga.

. . .

– Czy pańskie nauki na temat kontrolowania emocji nie są niebezpieczne? – zapytał uczeń. – Wielu psychologów twierdzi, że stłumienie prowadzi do rozstroju psychicznego, a nawet do choroby psychicznej?

Mistrz odpowiedział:

– Tłumienie jest szkodliwe, bowiem utrzymujemy myśli, że czegoś chcemy, ale nic nie robimy, żeby to dostać. Samokontrola jest pożyteczna, bo cierpliwie zastępujemy złe myśli dobrymi, zmieniamy naganne działania na pożyteczne. Ci, którzy rozpamiętują zło, szkodzą sobie. Ludzie, którzy napełniają swoje umysły mądrością, a swoje życie konstruktywnymi działaniami, oszczędzają sobie niegodziwego cierpienia.

. . .

– Bóg testuje nas na wszelkie sposoby – powiedział Mistrz. – Obnaża nasze słabości, tak byśmy stali się ich świadomi i przemienili je w siłę. Może zesłać nam cierpienia, które wydają się nie do zniesienia; czasami może się niemalże wydawać, że On nas odpycha. Ale mądry wierny powie: „O nie, Panie, ja Ciebie pragnę i nic nie zniechęci mnie w moich poszukiwaniach. Moja wypływająca z serca modlitwa jest następująca: nigdy nie poddawaj mnie testowi sprawdzającemu moją niepamięć o Twej obecności".

. . .

– Panie, czy ja kiedyś opuszczę ścieżkę duchową? – zapytał pełen wątpliwości uczeń.
– Jakże to możliwe? – odrzekł Mistrz. – Wszyscy na świecie są na ścieżce duchowej.

. . .

– Panie, obdarz mnie łaską oddania – poprosił uczeń błagalnie.
– W rzeczywistości mówisz: „Daj mi pieniądze, żebym mógł kupić sobie to, co chcę" – odpowiedział mistrz. – Ale ja mówię: „Nie, najpierw musisz *zarobić* pieniądze. Później będziesz mógł pełnoprawnie cieszyć się tym, co kupiłeś".

. . .

Aby pomóc zniechęcionemu uczniowi, Mistrz opowiedział następujące doświadczenie:
– Pewnego dnia widziałem wielką stertę piachu, po której wdrapywała się maleńka mrówka. Powiedziałem: „Mrówka musi sądzić, że pokonuje Himalaje!". Sterta piachu może się wydawać gigantyczna dla mrówki, ale nie dla mnie. Podobnie

milion lat słonecznych to może być mniej niż minuta w umyśle Boga. Powinniśmy ćwiczyć się w myśleniu wielkimi kategoriami: Wieczność! Nieskończoność!

. . .

Joganandadźi i grupa uczniów wykonywała wieczorne ćwiczenia na trawniku Pustelni w Encinitas. Jeden z młodych mężczyzn zapytał o pewnego świętego, którego imienia nie znał.

– Panie – powiedział – to był ten mistrz, który pojawił się tutaj przed tobą kilka miesięcy temu.

– Nie pamiętam – odpowiedział Paramahansadźi.

– To było tam na tyłach ogrodu, Panie.

– Wiele osób mnie tam odwiedza; widzę niektórych z tych, którzy już zmarli, i niektórych, którzy nadal są na ziemi.

– Jakie to cudowne, Panie!

– Gdziekolwiek znajduje się wierny Boży, tam pojawiają się Jego święci. – Guru zamilkł na minutę lub dwie wykonując parę ćwiczeń. Następnie powiedział: – Wczoraj, kiedy medytowałem w moim pokoju, zapragnąłem poznać pewne rzeczy z życia wielkiego mistrza z czasów starożytności. Zmaterializował się przede mną. Siedzieliśmy na moim łóżku przez długi czas, obok siebie, trzymając się za ręce.

– Panie, czy on opowiedział ci o swoim życiu?

– Tak – odpowiedział Paramahansadźi. – Podczas wymiany wibracji, otrzymałem cały obraz.

. . .

Aby ustrzec apostatów Zakonu Self-Realization [21] przed popadaniem w stan samozadowolenia z postępów na ścieżce duchowej, Mistrz powiedział im:

– Gdy ktoś osiągnie już stan *nirbikalpa samadhi* [22], to nigdy więcej nie popadnie w ułudę. Ale dopóki nie osiągnie one tego stanu, to nie jest bezpieczny. Pewien uczeń słynnego hinduskiego mistrza był tak wspaniałą duszą, że jego guru podawał go jako przykład dla wszystkich. Pewnego dnia uczeń wspomniał, że pomaga pobożnej kobiecie, medytując z nią. Guru powiedział cicho: „Sadhu [23], uważaj!". Parę tygodni później jakieś ziarna złej karmy [24] zakiełkowały w życiu ucznia; uciekł on z tą kobietą. Jednakże szybko powrócił do swojego guru i zapłakał: „Bardzo mi przykro!". Nie pozwolił on na to, żeby błąd ten stał się centrum jego życia, ale pozostawił za sobą wszelkie błędy i podwoił wysiłki ku całkowitemu urzeczywistnieniu Boga w sobie. Z tej historii wynika, że nawet dla wielkiego ucznia możliwe jest chwilowe pogrążenie się w ułudzie. Nigdy nie rozluźniajcie swojej czujności, dopóki nie utwierdzicie się w Ostatecznej Szczęśliwości.

*   *   *

– Materialna nauka jest bardziej teoretyczna niż prawdziwa religia – powiedział Mistrz. – Nauka potrafi na przykład badać zewnętrzną naturę i zachowanie atomu. Ale praktykowanie medytacji przynosi wszechobecność; jogin może zjednoczyć się z atomem.

*   *   *

[21] Patrz słowniczek
[22] Patrz słowniczek
[23] Patrz słowniczek
[24] Patrz słowniczek

Pewien wymagający uczeń często zjawiał się niespodziewanie w Ośrodku na Górze Waszyngtona [25] a także wykonywał częste telefony do Mistrza na koszt odbiorcy.

– Jest to szczególna osoba – nadmienił pewnego razu Paramahansadźi. – Ale jego serce jest z Panem. Pomimo swoich wad osiągnie on swój cel, ponieważ nie zostawi Boga w spokoju, dopóki tego nie zrobi!

. . .

Gdy Mistrz przybył po raz pierwszy do Ameryki, nosił indyjskie ubranie, a jego włosy opadały mu na ramiona. Ktoś, zafascynowany tym, co wydawało mu się dziwne, zapytał:

– Czy przepowiadasz ludziom ich los?

– Nie, ja mówię ludziom jak naprawiać los – odpowiedział Paramahansadźi.

. . .

Pewnego dnia Mistrz opowiedział uczniom o świętym, który stoczył się z najwyższej ścieżki wskutek publicznego okazywania cudownych mocy.

– Wkrótce uświadomił sobie swój błąd – powiedział Paramahansadźi – i powrócił do swoich uczniów. Pod koniec życia został w pełni wyzwoloną duszą.

– Panie, w jaki sposób tak szybko podniósł się on ponownie? – zapytał wierny. – Czy kara karmiczna nie jest znacznie bardziej ostra dla człowieka, który spadł ze stanu wysokiego zaawansowania, niż dla zwykłej osoby, która działa niewłaściwie z czystej niewiedzy? Wydaje się to dziwne, że indyjski święty nie musiał długo czekać na ostateczne wyzwolenie.

---

[25] Głowna Siedziba Self-Realization Fellowship w Los Angeles, Kalifornia. Patrz słowniczek

Uśmiechając się Mistrz potrząsnął głową.

– Bóg nie jest tyranem – powiedział. – Jeśli człowiek przywykł do diety z ambrozji, to będzie nieszczęśliwy będąc zmuszonym do jedzenia zepsutego sera. Jeśli będzie szczerze prosił o ambrozję, to Bóg nie będzie mu jej mógł odmówić.

. . .

Przyjaciel uważał, że nie jest właściwe, żeby Self-Realization Fellowship się reklamowało. Mistrz odpowiedział:

– Wrigley używa reklamy, aby zachęcić ludzi do żucia gumy. To dlaczego ja nie miałbym używać ogłoszeń, aby zachęcić ludzi do „przeżuwania" dobrych idei?

. . .

Mówiąc o tym, jak szybko możemy dzięki łasce Bożej zostać uwolnieni od ułudy *maji,* Mistrz powiedział:

– Wydaje się, że na tym świecie zanurzeni jesteśmy w morzu problemów. Wtenczas przychodzi Boska Matka i potrząsa nami, budząc nas z tego okropnego snu. Każdy człowiek, wcześniej czy później, będzie miał to wyzwalające doświadczenie.

. . .

Uczeń wahał się pomiędzy ścieżką wyrzeczenia i od dawna upragnioną karierą. Mistrz powiedział do niego czule:

– Wszelkie spełnienie, którego poszukujesz oraz znacznie więcej, czeka na ciebie w Bogu.

. . .

Uczniowi, który wydawał się beznadziejnie uwikłany w złych nawykach, Mistrz zasugerował:

– Jeśli brakuje ci siły woli, to rozwijaj siłę odmawiania.

. . .

– Jakąż odpowiedzialność podejmujemy, kiedy próbujemy naprawiać ludzi! – wykrzyknął Mistrz. – Róża w wazonie wygląda pięknie; zapominamy jednak o całej pracy ogrodnika, która przyczyniła się do tego piękna. Skoro tyle trudu wymaga, żeby mieć piękną różę, to o ileż więcej wysiłku potrzeba, aby ukształtować piękną istotę ludzką!

. . .

– Nie zadawajcie się zbyt blisko z innymi – powiedział Mistrz. – Przyjaźnie nas nie zadowolą, dopóki nie będą one zakorzenione we wspólnej miłości do Pana. Nasze ludzkie pragnienie czułego zrozumienia u innych jest w rzeczywistości wołaniem duszy o zjednoczenie z Bogiem. Im bardziej poszukujemy zaspokojenia tego pragnienia na zewnątrz, tym mniejsza jest szansa na odnalezienie Boskiego Towarzysza.

. . .

– Są trzy typy wiernych – powiedział Mistrz. – Wierzący, którzy chodzą do kościoła i są usatysfakcjonowani; wierzący, którzy prowadzą nienaganny żywot, ale nie czynią żadnego wysiłku, aby osiągnąć jedność z Bogiem; i wierzący, którzy są *zdeterminowani,* żeby odkryć swoją prawdziwą tożsamość.

. . .

Poproszony, żeby zdefiniować Samourzeczywistnienie, Mistrz powiedział:
– Samourzeczywistnienie jest wiedzą, w ciele, umyśle

i duszy, że pozostajemy w jedności z wszechobecnością Bożą; że nie musimy modlić się o to, żeby ona przyszła do nas, że nie jesteśmy jedynie blisko niej, ale że Boża wszechobecność jest naszą wszechobecnością; że w takim samym stopniu jesteśmy Jego częścią teraz, jak i wiecznie będziemy. Jedyne co musimy zrobić, to pogłębić naszą wiedzę.

. . .

– Bóg spełnia szybko każdą potrzebę swoich wiernych, ponieważ wyeliminowali oni hamujące przeciwprądy ego – powiedział Mistrz.

. . .

– W początkach istnienia Ośrodka na Górze Waszyngtona zbliżał się termin płatności czynszu; ale nie mieliśmy pieniędzy w banku. Modliłem się głęboko, mówiąc Panu: „Dobro organizacji jest w Twoich rękach". Boska Matka pojawiła się przede mną. Odezwała się po angielsku: „Ja jestem twoimi papierami wartościowymi. Ja jestem twoim zabezpieczeniem". Parę dni później otrzymałem listownie dużą darowiznę dla ośrodka.

. . .

Jeden z uczniów był wierny i szybki w wykonywaniu wszelkich zadań powierzonych mu przez Mistrza, ale dla innych nie chciał robić nic. Chcąc go skorygować, Mistrz powiedział:
– Powinieneś służyć innym tak jak służysz mnie. Pamiętaj, że Bóg mieszka we wszystkich. Nie zaniedbuj żadnej okoliczności, aby Go zadowolić.

. . .

– Śmierć uczy nas, byśmy nie uzależniali się od ciała, ale od Boga. A zatem Śmierć jest przyjacielem – powiedział Mistrz. – Nie powinniśmy nadmiernie rozpaczać z powodu śmierci naszych najbliższych. Egoizmem jest pragnienie, żeby zawsze pozostawali blisko nas, dla naszej przyjemności i wygody. Raczej radujcie się, że zostali oni wezwani, aby postępować ku wyzwoleniu ducha w nowym i lepszym środowisku świata astralnego [26]. Smutek z powodu rozłąki sprawia, że większość ludzi płacze przez jakiś czas; później zapomina. Ale mądrzy czują potrzebę poszukiwania swoich bliskich, którzy odeszli, w sercu Wieczności. To co wierni tracą w doczesnym życiu, odnajdują ponownie w Nieskończoności.

·   ·   ·

– Jaka jest najlepsza modlitwa? – zapytał wierny.

Mistrz odpowiedział:

– Powiedz Panu: „Proszę ujawnij mi Swoją wolę". Nie mów: „Chcę tego albo tamtego", ale wierz w to, że On zna twoje potrzeby. Przekonasz się, że otrzymasz znacznie lepsze rzeczy, kiedy On je wybierze dla ciebie.

·   ·   ·

Mistrz często prosił uczniów, żeby zarządzali różnymi drobnymi sprawami. Kiedy jedna z uczennic zaniedbała jedną z takich prac, myśląc, że nie jest ona ważna, Paramahansadźi delikatnie ją upomniał.

– Wierność w wykonywaniu drobnych obowiązków – powiedział – daje nam siłę, byśmy umieli dotrzymywać trudnych

---

[26] Patrz słowniczek

postanowień, do podjęcia których zmusi nas z czasem życie.

∙   ∙   ∙

Parafrazując komentarz Śri Jukteśwara [27], Mistrz powiedział do nowego ucznia:
– Niektóre osoby wierzą, że wstąpienie do pustelni w celu samodyscypliny jest takim samym powodem do smutku jak pogrzeb. Przeciwnie, może to oznaczać pogrzeb wszelkiego smutku!

∙   ∙   ∙

– Głupotą jest oczekiwanie prawdziwego szczęścia od ziemskich przywiązań idóbr materialnych, ponieważ nie mają one mocy, aby nas nim obdarować – powiedział Mistrz. – A mimo to miliony ludzi umiera ze złamanym sercem, usiłując na próżno znaleźć w ziemskim życiu spełnienie, które istnieje jedynie w Bogu, źródle wszelkiej radości.

∙   ∙   ∙

Wyjaśniając dlaczego tak niewielu ludzi rozumie Nieskończonego Boga, Mistrz powiedział:
– Tak jak mała filiżanka nie może być naczyniem, które pomieści ogromne wody oceanu, tak i ograniczony umysł ludzki nie może pomieścić w sobie uniwersalnej Chrystusowej Świadomości. Ale kiedy dzięki medytacji nieustannie rozszerzamy nasz umysł, to w końcu osiągamy wszechwiedzę. Stajemy się zjednoczeni z Boska Inteligencją, która przenika atomy stworzenia.

∙   ∙   ∙

– Św. Jan powiedział: „Wszystkim tym jednak, którzy je przyjęli, dało moc, aby stali się synami Bożymi; tym, którzy wierzą w imię Jego"[28]. Przez „którzy je przyjęli", św. Jan rozumie tych ludzi, którzy udoskonalili swoją zdolność percepcji Nieskończoności; jedynie oni odzyskują swój status jako „synowie Boży". Oni „wierzą w imię Jego" poprzez osiągnięcie zjednoczenia z Chrystusową Świadomością.

•   •   •

Uczeń, który już raz mieszkał w pustelni, powrócił pewnego dnia i rzekł do Mistrza:

– Po cóż ja odszedłem?

– Czyż to nie raj w porównaniu ze światem na zewnątrz? – spytał Paramahansadźi.

– Doprawdy tak jest! – odrzekł młodzieniec i płakał tak długo, że ze współczucia Mistrz płakał razem z nim.

•   •   •

Siostra z Zakonu Self-Realization narzekała na brak oddania.

– Nie chodzi o to, że ja nie chcę poznać Boga – powiedziała – ale wydaje się, że nie potrafię skierować mojej miłości do Niego. Co ma uczynić ktoś, kto podobnie jak ja doświadcza „stanu suchości"?

– Nie powinnaś skupiać się na myśli, że brak ci oddania, ale powinnaś pracować nad tym, żeby rozwijać swe oddanie – odpowiedział Mistrz. – Po co się martwić tym, że Bóg ci się nie ukazał? Pomyśl o tym, jak długo Go ignorowałaś! Więcej medytuj; pogłębiaj medytację i kieruj się regułami pustelni.

[28] Jan 1:12

Mistrz medytujący w Dihika, w pobliżu pierwszego miejsca jego szkoły dla chłopców, podczas wizyty w Indiach w 1935 roku. Szkoła została przeniesiona w 1918 roku do Ranchi, gdzie nadal się rozwija.

Zmieniając swoje nawyki wzbudzisz w swoim sercu pamięć Jego cudownej Istoty; a znając Go, bez wątpienia pokochasz Go.

. . .

Pewnej niedzieli Mistrz przyszedł do kościoła, w którym chór śpiewał specjalnie dla niego. Po mszy dyrygent i chór spytali Mistrza:
– Czy podobał się panu występ?
– Był niezły – odpowiedział Śri Jogananda bez entuzjazmu.
– Och! Tak naprawdę, nie podobało się to Panu? – dopytywali się.
– Tak bym tego nie powiedział.
Naciskany o wyjaśnienie, Mistrz w końcu powiedział:
– Jeśli chodzi o technikę, to była doskonała; ale nie byliście świadomi tego, dla kogo śpiewacie. Myśleliście jedynie o zadowoleniu mnie i reszty widowni. Następnym razem, śpiewajcie nie dla człowieka, ale dla Boga.

. . .

Uczniowie rozmawiali z podziwem o cierpieniach znoszonych dzielnie przez świętych umęczanych w dziejach historii.
– Los ciała jest całkowicie nieistotny dla człowieka, który urzeczywistnił Boga w sobie – powiedział Mistrz. – Forma fizyczna jest jak talerz, którego wierny używa, kiedy spożywa życiowy obiad mądrości. Po tym, jak jego głód został na wieki zaspokojony, jakąż wartość ma talerz? On może się potłuc, ale wierny prawie tego nie zauważa. On jest zanurzony w Panu.

. . .

Mistrz spędzał często długie letnie wieczory na duchowych rozważaniach z uczniami, siedząc na werandzie pustelni w Encinitas. Podczas jednej z takich okazji rozmowa skierowała się na cuda, a Mistrz powiedział:

– Większość ludzi interesuje się cudami i pragnie je zobaczyć. Ale mój mistrz Śri Jukteśwardźi, który posiadał kontrolę nad wszystkimi siłami natury, miał bardzo kategoryczne spojrzenie na ten temat. Tuż przed moim wyjazdem z Indii, na wykłady do Ameryki, powiedział do mnie: „Wzbudzaj w ludziach miłość do Boga. Nie przyciągaj ich do siebie poprzez pokazywanie niezwykłych mocy". Gdybym chodził po ogniu i wodzie, i wypełniał każde audytorium na ziemi poszukiwaczami ciekawostek, cóż by mi z tego przyszło? Popatrzcie na gwiazdy, chmury i oceany; popatrzcie na rosę na trawie. Czy jakiekolwiek cuda sprawiane przez człowieka mogą równać się z tymi niewyjaśnionymi merytorycznie zjawiskami? Mimo to, w niewielu ludziach natura zdołała wzbudzić miłość do Boga, Cudu nad Cudami.

. . .

Grupie dość ociągających się młodych uczniów Mistrz powiedział:

– Powinniście usystematyzować swoje życie. Bóg stworzył rutynę. Słońce świeci aż do zmroku, gwiazdy świecą do świtu.

. . .

– Czy mądrość świętych nie jest wynikiem specjalnej łaski, jaką otrzymali oni od Pana? – spytał gość.

– Nie – odpowiedział Mistrz. – To, że niektóre osoby posiadają mniej boskiego urzeczywistnienia niż inni, nie wynika z tego, że Bóg ogranicza dopływ Swojej łaski, lecz z tego, że większość ludzi uniemożliwia Jego wiecznie obecnemu

światłu, by swobodnie przez nich przepływało. Poprzez usu-
nięcie ciemnej przesłony egoizmu, wszystkie dzieci mogą na
równi odzwierciedlać Jego promienie wszechwiedzy.

. . .

Pewien gość lekceważąco wypowiadał się na temat tak
zwanego indyjskiego czczenia idoli. Mistrz cicho powiedział:
– Jeżeli człowiek siedzący w kościele z zamkniętymi ocza-
mi pozwala, aby jego myśli roztrząsały ziemskie sprawy – idole
materializmu – to Bóg jest świadomy tego, że nie jest czczony.
Jeżeli człowiek kłaniający się kamiennemu wizerunkowi, postrzega go jako symbol i przypomnienie żywego i wszechobecnego Ducha, to Bóg akceptuje takie oddawanie czci.

. . .

– Wyruszam w góry, żeby być sam na sam z Bogiem – po-
informował Mistrza pewien uczeń.
– W ten sposób nie dokonasz postępu duchowego – odpowiedział Paramahansadźi. – Twój umysł nie jest jeszcze gotowy,
żeby głęboko skoncentrować się na Duchu. Twoje myśli będą
głównie żywiły się wspomnieniami ludzi i ziemskich rozrywek,
nawet jeśli będziesz pozostawał w jaskini. Radosne wykonywanie swoich ziemskich obowiązków połączone z codzienną
medytacją jest lepszą ścieżką.

. . .

Pochwaliwszy ucznia, Mistrz powiedział:
– Kiedy ci mówią, że jesteś dobry, to nie powinieneś spo-
cząć na laurach, ale powinieneś postarać się, by stać się jeszcze

lepszym. Twoje nieustanne doskonalenie cieszy ciebie, tych, którzy cię otaczają oraz Boga.

. . .

– Wyrzeczenie nie jest niczym negatywnym, ale pozytywnym. Nie oznacza ono porzucenia wszystkiego, lecz jedynie nieszczęść – powiedział Mistrz. – Nie powinno się myśleć o wyrzeczeniu jako o drodze poświęcenia. Raczej jest to boska inwestycja, dzięki której parę naszych centów samodyscypliny przyniesie nam milion duchowych dolarów. Czyż nie jest mądrością wydawanie złotych monet naszych ulotnych dni na to, by kupić sobie Wieczność?

. . .

Spoglądając pewnego niedzielnego poranka na masę kwiatów zdobiących świątynię, Mistrz powiedział:
– Ponieważ Bóg jest Pięknem, to stworzył piękno w kwiatach, żeby mogły o Nim mówić. Bardziej niż cokolwiek innego w naturze wskazują one na Jego obecność. Jego lśniąca twarz spoziera z okien lilii i niezapominajek. Poprzez zapach róży wydaje się On mówić: „Szukaj Mnie". Taki jest Jego sposób wyrażania się. Poza tym pozostaje milczącym. Ukazuje Swoje rękodzieło poprzez piękno stworzonego świata, ale nie ujawnia tego, że Sam się tam ukrywa.

. . .

Dwaj uczniowie z pustelni poprosili Mistrza o pozwolenie wyjazdu w celu odwiedzenia przyjaciół. Paramahansadźi odpowiedział:
– Na początku wdrażania się w życie zakonne nie są dla

ucznia dobre częste spotkania z ludźmi z zewnątrz. Jego umysł zaczyna przeciekać jak sito i nie może utrzymać wód Bożego postrzegania. Podejmowanie wycieczek nie przyniesie wam urzeczywistnienia Nieskończoności.

Ponieważ Guru miał zwyczaj dawania sugestii, a nie rozkazów, to jeszcze dodał:

– Jest moim obowiązkiem ostrzec was, kiedy widzę, że zmierzacie w złym kierunku. Ale zróbcie jak uważacie.

. . .

– Bóg próbuje rozwijać na ziemi uniwersalną sztukę właściwego życia poprzez rozniecanie w ludzkich sercach uczuć braterstwa i doceniania innych – powiedział Mistrz. – Dlatego też, nie pozwolił na to, żeby jakikolwiek naród był kompletny sam w sobie. Przedstawicielom każdej rasy dał On szczególne uzdolnienia, wyjątkowe talenty, dzięki którym mogą oni wnosić swój indywidualny wkład do światowej cywilizacji. Pokój na ziemi zostanie przyśpieszony dzięki konstruktywnej wymianie najlepszych cech pomiędzy narodami. Pomijając wady każdej rasy powinniśmy dostrzegać i naśladować jej cnoty. Ważne jest zwrócenie uwagi na to, że w dziejach historii wielcy święci uosabiali ideały wszystkich krajów i ucieleśniali najwyższe aspiracje wszystkich religii.

. . .

Konwersacja Mistrza rozbłyskiwała uśmiechami. Pewnego dnia powiedział:

– Postrzegam tych, którzy podążają ścieżką duchową tak jakby brali udział w wyścigu. Niektórzy biegną sprintem; inni poruszają się powoli. Niektórzy nawet biegną do tyłu!

Innym razem zauważył:

– Życie to bitwa. Ludzie walczą ze swoimi wewnętrznymi

wrogami chciwości i ignorancji. Wielu jest poranionych od kul pragnień.

.   .   .

Paramahansadźi upomniał kilku uczniów z powodu braku efektywności w wykonywaniu ich obowiązków. Poczuli się oni bardzo zasmuceni, a wtenczas guru powiedział:
– Nie lubię was karcić, ponieważ wszyscy jesteście tacy dobrzy. Ale kiedy widzę plamy na białej ścianie, to chcę je usunąć.

.   .   .

Paramahansadźi wraz z paroma innymi osobami podróżował samochodem, jadąc z wizytą do samotni Self-Realization Fellowship. Starszy człowiek, z paczką na plecach, mozolnie szedł upalną zakurzoną drogą. Mistrz poprosił, żeby auto się zatrzymało, zawołał mężczyznę i dał mu nieco pieniędzy. Parę minut później Paramahansadźi powiedział do uczniów:
– Świat i jego okropne niespodzianki! My jedziemy, podczas gdy taki staruszek idzie. Wszyscy powinniście postanowić uwolnić się od strachu przed nieprzewidywalnymi zwrotami *maji*. Gdyby ten nieszczęsny człek urzeczywistnił Boga, to bieda czy bogactwo nie miałyby znaczenia. W Nieskończoności wszelkie stany świadomości przemienione zostają w jeden stan: Wiecznie Nową Szczęśliwość.

.   .   .

– Panie, który ustęp *w Autobiografii jogina* uważasz za najbardziej inspirujący dla przeciętnego człowieka? – spytał uczeń.
Mistrz namyślał się przez chwilę, a następnie rzekł:

– Te słowa mojego guru, Śri Jukteśwara: „Zapomnij o przeszłości. Trudno polegać na ludzkim zachowaniu, dopóki człowiek nie zakotwiczy się na dobre w Boskości. Wszystko w przyszłości dobrze się ułoży, jeśli teraz dokonujesz duchowego wysiłku".

. . .

– Bóg o nas pamięta, chociaż my o Nim nie pamiętamy – powiedział Mistrz. – Gdyby On zapomniał o stworzeniu na sekundę, to wszystko zniknęłoby bez śladu. Któż jak nie On utrzymuje w przestrzeni tę ziemską kulę gliny? Któż, jeśli nie On nakłania drzewa i kwiaty, aby rosły? To sam Pan podtrzymuje bicie naszych serc, trawi nasz pokarm i codziennie odnawia komórki naszego ciała. Mimo to, jakże niewiele z Jego dzieci o Nim pomyśli!

. . .

– Umysł – powiedział Paramahansadźi – jest jak cudowna guma, którą można rozciągać w nieskończoność, a ona nie pęka.

. . .

– W jaki sposób święty może wziąć na siebie złą karmę [29] innych? – zapytał uczeń.

Mistrz odpowiedział:

– Gdybyś zobaczył, że mężczyzna zamierza uderzyć drugiego, to mógłbyś zasłonić sobą niedoszłą ofiarę i pozwolić, żeby cios spadł na ciebie. Tak właśnie robi wielki mistrz. Dostrzega on w żywotach swoich uczniów moment, kiedy niekorzystne skutki ich złej karmy z przeszłości mają właśnie na nich spaść.

[29] Patrz słowniczek. Prawo transferu karmy wyjaśnione jest dokładniej w rozdziale dwudziestym pierwszym *Autobiografii jogina*.

Jeśli uzna on to za rozsądne, to stosuje pewną metafizyczną metodę, za pomocą której przenosi na siebie konsekwencje błędów swoich uczniów. Prawo przyczyny i skutku działa mechanicznie lub matematycznie; jogini wiedzą jak zmieniać jego kierunek. Ponieważ święci są świadomi Boga jako Wiekuistej Istoty i Niewyczerpalnej Energii Życiowej, to potrafią wytrzymać ciosy, które zabiłyby zwykłego człowieka. Fizyczna choroba czy ziemskie nieszczęścia nie mają wpływu na ich umysły.

· · ·

Mistrz omawiał z uczniami plany rozszerzenia działalności Self-Realization Fellowship.

– Pamiętajcie, że kościół jest ulem – powiedział – ale Pan jest miodem. Nie zadowalajcie się mówieniem ludziom o duchowych prawdach; pokażcie im, jak oni sami mogą osiągnąć Boską świadomość.

· · ·

Paramahansadźi nie przywiązywał się do innych, a mimo to był czuły i zawsze wierny. Pewnego dnia powiedział:

– Kiedy nie widuję moich przyjaciół, to za nimi nie tęsknię; ale kiedy ich widzę, to nigdy nie jestem nimi zmęczony.

· · ·

– Widzę Boga w Jego wszechświecie – powiedział Mistrz. – Kiedy oglądam piękne drzewo, moje serce jest wzruszone i szepce: „On tam jest!". Kłaniam się, adorując Go. Czyż nie przenika On każdego ziemskiego atomu? Czy nasza planeta mogłaby istnieć, gdyby nie spajająca moc Boga? Prawdziwy wierny widzi Go we wszystkich osobach, we wszystkich rzeczach; każda skała staje się ołtarzem. Kiedy Pan nakazał: „Nie będziesz miał cudzych bogów obok Mnie! Nie będziesz czynił żadnej rzeźby ani żadnego obrazu"[30], mówił On przez to, że nie powinniśmy wysławiać obiektów stworzenia ponad ich Stwórcę. Nasza miłość do Natury, rodziny, przyjaciół, obowiązków i dóbr materialnych nie powinna zajmować najwyższego tronu w naszych sercach. Należy się on Bogu.

. . .

Po wskazaniu na błąd ucznia, Mistrz powiedział:

– Nie powinieneś być wrażliwy na moje korygowanie ciebie. To wyłącznie dlatego, że zwyciężasz w walce przeciwko nawykom kierowanym przez ego, pokazuję ci drogę samodyscypliny. Nieustannie udzielam ci błogosławieństwa chwalebnej przyszłości w dobrze. Ostrzegłem cię dziś wieczór, żebyś nie przywykł do mechanicznego wykonywania swoich obowiązków duchowych i nie zapomniał o podejmowaniu codziennego głębokiego, żarliwego wysiłku w celu znalezienia Boga.

. . .

Pewnego wieczoru kapłan z innego kościoła odwiedził Śri Paramahansę. Gość powiedział z przygnębieniem:

– Mam taki zamęt w moim duchowym myśleniu!

– A zatem dlaczego nauczasz?

– Lubię nauczać.

– Czyż Chrystus nie powiedział nam, że ślepi nie powinni prowadzić ślepych?[31] – powiedział Mistrz. – Twoje wątpliwości

30 Ks. Wyjścia 20:3-4
31 Mateusz 15:14

znikną, jeśli poznasz i będziesz praktykował metodę medytacji o Bogu, Jedynej Pewności. Jak możesz przekazywać innym boskie urzeczywistnienie bez inspiracji od Niego?

. . .

W głównej sali pustelni w Encinitas uczniowie słuchali pilnie, kiedy Mistrz prowadził długo w noc wykłady o wysublimowanej treści.

– Jestem tutaj, żeby powiedzieć wam o radości, którą można znaleźć w Bogu – powiedział na zakończenie – radości, którą każdy z was ma prawo odnaleźć, radości, która przenika mnie w każdym momencie mojego życia. Bo On idzie wraz ze mną, rozmawia ze mną, myśli ze mną. On kieruje mną na wszelkie sposoby. Mówię do Niego: „Panie, ja nie mam problemów; Tyś jest zawsze ze mną. Jestem szczęśliwy, że jestem Twym sługą, pokornym instrumentem w pomaganiu Twym dzieciom. Bez względu na to, jakie osoby czy zdarzenia mi przysyłasz, jest to Twoja sprawa; nie będę ingerował w Twe plany względem mnie, żywiąc jakieś własne pragnienia".

. . .

– Głęboko w sobie wiem, że odnajdę szczęście jedynie w Bogu. Mimo to, przyciąga mnie wiele ziemskich rzeczy – powiedział młodzieniec, który rozważał wstąpienie do Zakonu Self-Realization.

– Dziecko myśli, że to zabawne bawić się robieniem ciasteczek z błota, ale traci zainteresowanie nimi, kiedy jest starsze. – odpowiedział Mistrz. – Kiedy dojrzejesz duchowo, to nie będziesz tęsknił za przyjemnościami świata.

. . .

Po odwiedzinach kilku wykształconych ludzi, Mistrz rzekł do uczniów:

– Liczni intelektualiści, którzy cytują proroków są jak katarynki. Tak jak maszyna odtwarza nagranie świętych pism bez zrozumienia ich znaczenia, tak i wielu uczonych, którzy powtarzają słowa z Pisma Świętego, jest nieświadomych prawdziwego ich znaczenia. Nie dostrzegają oni głębokich, przemieniających życie wartości pism świętych. Z ich odczytów ludzie zyskują nie Boskie urzeczywistnienie, ale jedynie znajomość *słów*. Stają się oni dumni i kłótliwi. To właśnie dlatego mówię wam wszystkim, żebyście mniej czytali, a więcej medytowali.

. . .

– Wydaje się – powiedział Mistrz – że w stworzonym przez siebie świecie Bóg śpi w minerałach, marzy w kwiatach, budzi się w zwierzętach, a w człowieku [32] *wie*, że jest przebudzony.

. . .

Mistrz niezmordowanie poświęcał swój czas dla uczniów i poszukiwaczy prawdy. Potem poszukiwał spokoju samotności w ustroniu Self-Realization Fellowship na pustyni. Kiedy on i niewielka grupa dotarli na miejsce przeznaczenia, a silnik auta został zgaszony, Paramahansadźi pozostał spokojnie w samochodzie. Wydawał się być zanurzony w ogromie ciszy pustynnej nocy. W końcu powiedział:

---

[32] „Ludzkie ciało nie było wyłącznie rezultatem ewolucji zwierząt, ale zostało zbudowane poprzez akt specjalnego stworzenia przez Boga. Formy zwierzęce były zbyt prymitywne, żeby wyrazić pełnię boskości; człowiek został unikalnie wyposażony w wysoce przebudzone okultystyczne ośrodki w kręgosłupie oraz potencjalnie wszechwiedzący «tysiącpłatkowy lotos» w mózgu". – *Autobiografia jogina*

– Tam gdzie jest studnia, tam zbierają się spragnieni ludzie. Ale czasem, dla odmiany, studnia woli być nieodwiedzana.

. . .

– Wewnątrz waszej fizycznej formy znajdują się tajemne drzwi do boskości [33] – powiedział Mistrz. – Przyspieszcie swoją ewolucję poprzez właściwą dietę, zdrowe życie oraz szacunek dla własnego ciała, jako świątyni Boga. Otwórzcie jego święte kręgowe drzwi poprzez praktykę naukowej medytacji.

. . .

– Mistrzu, zawsze pragnąłem poszukiwać Boga, ale chcę się ożenić – powiedział uczeń. – Czy sądzisz, że nadal mogę osiągnąć Boski Cel?

– Młody człowiek, który woli najpierw założyć rodzinę, myśląc, że później będzie poszukiwał Boga, być może popełnia poważny błąd – odrzekł Mistrz. – W starożytnych Indiach dzieci otrzymywały instruktaż w samodyscyplinie obowiązującej w pustelniach. Dzisiaj na całym świecie brakuje takiego treningu. Współczesny człowiek posiada niewielką kontrolę nad swoimi zmysłami, impulsami, nastrojami i pragnieniami. Szybko ulega on wpływom środowiska. Naturalnym biegiem zdarzeń wkracza na pozycję gospodarza i zostaje przytłoczony

---

[33] Jako jedynego spośród swoich stworzeń, Pan wyposażył ciało człowieka w tajemne kręgowe ośrodki, których przebudzenie (za pomocą jogi, lub w pewnych przypadkach, poprzez intensywny zapał oddania) przynosi boskie oświecenie. Przeto hinduskie pisma święte uczą, (1) że ludzkie ciało jest cennym darem, i (2) że człowiek nie może odpracować swojej materialnej karmy inaczej jak tylko w swej fizycznej formie. Będzie odradzał się na tej ziemi raz za razem, dopóki nie stanie się mistrzem. Tylko wówczas ludzkie ciało wypełni cel, dla którego zostało stworzone. (Patrz „reinkarnacja" w słowniczku)

Paramahansadźi serdecznie pozdrawia członków stowarzyszenia na zewnątrz świątyni Self-Realization Fellowship w San Diego w Kalifornii, 1949 r.

ziemskimi obowiązkami. Zwykle zapomina nawet odmówić maleńką modlitwę do Boga.

*   *   *

– Dlaczego cierpienie jest tak rozpowszechnione na ziemi? – zapytał uczeń.

– Jest wiele przyczyn cierpienia – odpowiedział Mistrz. – Jedną z przyczyn jest to, żeby uniemożliwić człowiekowi uczenie się zbyt wiele o innych i niewystarczająco o sobie samym. Ból w końcu zmusza człowieka do zastanowienia się: „Czy zasada przyczyny i skutku działa w moim życiu? Czy moje kłopoty nie wynikają z mojego złego myślenia?".

*   *   *

Uświadamiając sobie ciężar, jaki biorą na siebie święci, aby pomóc innym, pewien uczeń powiedział któregoś dnia do Mistrza:

– Panie, bez wątpienia, kiedy nadejdzie taki czas, będziesz szczęśliwy, że opuszczasz tę ziemię i nigdy już tu nie wrócisz.

– Tak długo, dopóki ludzie na tym świecie wołają o pomoc, będę wracał, aby sterować moją łodzią i oferować im przewiezienie na niebiańskie wybrzeża – odpowiedział Guru. – Czyż powinienem cieszyć się wolnością, kiedy inni cierpią? Wiedząc, że są oni w biedzie (w której również bym się znajdował, gdyby Bóg nie okazał mi Swojej łaski), nie mógłbym w pełni radować się Jego niewysłowioną szczęśliwością.

*   *   *

– Unikajcie negatywnego podejścia do życia – powiedział Mistrz do grupy uczniów. – Po cóż skupiać uwagę na ściekach, kiedy jest tyle piękna wokół was? Można znaleźć błędy nawet w największych dziełach sztuki, muzyki czy literatury. Ale czyż nie lepiej cieszyć się ich urokiem i wspaniałością?

– Życie ma i jasną i ciemną stronę, bowiem świat względności zbudowany jest ze światła i cieni. Jeśli pozwolicie, żeby wasze myśli żywiły się złem, to sami staniecie się brzydcy. We wszystkim szukajcie jedynie dobra, żebyście mogli wchłaniać wartości piękna.

. . .

– Mistrzu jestem świadomy jedynie obecnego życia. Dlaczego nie mam wspomnień z poprzednich wcieleń[34] ani przeczucia przyszłości? – dopytywał się uczeń.

– Życie jest jak wielki łańcuch w oceanie Boga – odpowiedział Paramahansadźi. – Kiedy część łańcucha zostaje wyciągnięta z wody, to widzisz jedynie tę niewielką część. Początek i koniec są ukryte. W tym wcieleniu oglądasz jedynie jedno ogniwo łańcucha życia. Przeszłość i przyszłość, choć niewidoczne, pozostają w głębinach Boga. Ujawnia On ich tajemnice wiernym, którzy są z Nim zestrojeni.

. . .

– Czy wierzysz w boskość Chrystusa? – zapytał pewien gość.

– Tak – odpowiedział Mistrz. – Uwielbiam o nim rozmawiać, ponieważ był on człowiekiem doskonałego Samourzeczywistnienia. Jednakowoż, nie był on *jedynym* synem Bożym, ani nie utrzymywał, że nim jest. Przeciwnie, wyraźnie uczył, że ci, którzy wypełniają wolę Boga stają się, podobnie jak on sam, zjednoczeni z Nim. Czyż nie było misją Jezusa na ziemi przypomnieć wszystkim ludziom, że Pan jest

34 Patrz „reinkarnacja" w słowniczku

ich Niebiańskim Ojcem i pokazać im drogę wiodącą z powrotem do Niego?

. . .

– Nie wydaje się to w porządku, że Niebiański Ojciec pozwala na tak wiele nieszczęść na świecie – zauważył jeden ze uczniów.

Paramahansadźi odpowiedział:

– Nie ma okrucieństwa w planie Bożym, ponieważ w Jego oczach nie ma ani dobra ani zła, a jedynie obrazy światła i cieni. Pan zamierzył, abyśmy oglądali dwoiste sceny z życia tak jak On widzi je Sam – wiecznie radosny Świadek zdumiewającego kosmicznego dramatu. Człowiek błędnie utożsamił się z pseudoduszą, czyli z ego. Kiedy przeniesie on poczucie tożsamości na swoją prawdziwą istotę, nieśmiertelną duszę, to odkryje, że wszelki ból jest nierealny. Nie będzie nawet mógł *wyobrazić* sobie stanu cierpienia.

Guru dodał jeszcze:

–Wielcy mistrzowie, którzy przychodzą na ziemię, by pomóc swoim uśpionym braciom, mają pozwolenie od Boga, aby podzielać, na pewnym poziomie swoich umysłów, smutki ludzkości; ale ten współczulny udział w ludzkich uczuciach nie zakłóca głębszych poziomów świadomości, na których święci doświadczają jedynie niezmiennej szczęśliwości.

. . .

Mistrz często mówił uczniom:

– Pieśnią, którą powinniście nieustannie nucić, przez nikogo niesłyszani, jest: „Mój Panie, zawsze, będę Twym".

. . .

Wierny podjął decyzję opuszczenia pustelni. Rzekł on do Mistrza:

– Bez względu na to, gdzie będę, zawsze będę medytował i kierował się pańskimi naukami.

– Nie, nie będziesz potrafił tego zrobić – odpowiedział mu Mistrz. – Twoje miejsce jest tutaj. Jeśli powrócisz do swojego poprzedniego życia, to zapomnisz o tej ścieżce.

Uczeń odszedł. Nie kontynuował praktyki medytacji i zanurzył się w świeckim życiu. Guru płakał za swoją „zabłąkaną owieczką". Do uczniów powiedział:

– Zło ma swoją moc. Jeśli weźmiesz jego stronę, to owładnie tobą. Kiedy popełnisz błąd, powróć natychmiast na drogę prawości.

. . .

– Gdyby ktoś wam powiedział: „Jestem Bogiem", to nie odczulibyście, że mówi prawdę – powiedział Mistrz do grupy uczniów. – Wszyscy jednak mamy prawo powiedzieć: „Bóg stał się mną". Z jakiej bowiem innej substancji moglibyśmy być stworzeni? On jest jedyną materią tego świata. Zanim sprawił, że zaistniał świat zjawisk, nic nie istniało oprócz Niego Samego, jako Ducha. Ze Swojej istoty stworzył wszystko: wszechświat i dusze ludzi.

. . .

– Czy powinienem czytać książki? – spytał uczeń.

– Studiowanie pism świętych natchnie cię większą gorliwością ku Bogu, jeśli będziesz czytał wersy wolno i starał się przyswoić sobie ich głębokie znaczenie – odpowiedział Mistrz. – Czytanie świętej literatury bez kierowania się jej zasadami wywołuje pychę, fałszywe zaspokojenie oraz to, co nazywam „intelektualną niestrawnością". Wiele osób z konieczności poświęca swoją uwagę literaturze świeckiej w celu zarabiania na życie; ale wyrzeczeńcy tacy jak ty, nie powinni czytać nie-religijnych książek, czyli tych, na których stronicach nie ma Boga.

. . .

– Czy świat boży naprawdę przechodzi przez proces ewo-lucji? – spytał pewien uczeń.

– Ewolucja jest jedynie sugestią Boga w ludzkim umyśle i jest prawdą w świecie względności – odpowiedział Mistrz. – Faktycznie, wszystko dzieje się w teraźniejszości. W Duchu nie ma ewolucji, podobnie jak nie ma zmiany w wiązce świa-tła, dzięki której wszystkie rozwijające się sceny filmowych obrazów ukazują się na ekranie. Pan potrafi przesuwać film stworzenia do tyłu lub do przodu, ale wszystko się wydarza naprawdę w wiekuistej *chwili obecnej.*

. . .

– Czy praca dla Pana, a nie dla siebie oznacza, że źle jest być ambitnym? – zapytał uczeń.

– Nie, powinieneś być ambitny, żeby wykonywać pracę dla Boga – powiedział Mistrz. – Jeśli twoja wola jest słaba, a am-bicja martwa, to już utraciłeś swoje życie. Nie pozwól jednak, żeby ambicja wywołała ziemskie przywiązanie. Pogoń za rze-czami tylko dla siebie jest destrukcyjna; poszukiwanie rzeczy dla innych jest ekspansywne; ale zabieganie o to, aby zadowolić Boga jest najlepszą postawą. Zaprowadzi cię ona bezpośrednio do Obecności Bożej.

. . .

– Pociąga mnie życie w pustelni – powiedział pewien mężczyzna do Mistrza – ale waham się porzucić moją wolność.

– Bez Bożego urzeczywistnienia posiadasz niewiele wolności – odpowiedział Mistrz. – Twoje życie rządzone jest przez impulsy, kaprysy, nastroje, nawyki i środowisko. Dzięki kierowaniu się wskazówkami guru i poprzez zaakceptowanie jego dyscypliny, stopniowo wydobędziesz się z niewoli zmysłów. Wolność oznacza zdolność działania pod kierownictwem duszy, a nie pragnień i nawyków. Słuchanie się ego prowadzi do niewolnictwa; słuchanie się duszy przynosi wyzwolenie.

. . .

– Panie, czy oprócz *krija-jogi* istnieje naukowa metoda, która poprowadzi wiernego do Boga? – zapytał pewien uczeń.

– Tak – powiedział Mistrz. – Pewną i szybką drogą do Nieskończoności jest utrzymywanie naszej uwagi na ośrodku Chrystusowej Świadomości [35] pomiędzy brwiami.

. . .

– Czy źle jest wątpić? Nie chcę wierzyć ślepo – powiedział uczeń.

– Są dwa rodzaje wątpliwości: destruktywna i konstruktywna – odpowiedział Mistrz. – Destruktywna wątpliwość to nawykowy sceptycyzm. Ludzie, którzy kultywują takie nastawienie nie dowierzają na ślepo; odrzucają oni rezultaty obiektywnych badań. Sceptycyzm jest zakłóceniem w naszym mentalnym radiu, które powoduje, że nie odbieramy programu prawdy. Konstruktywne wątpienie to inteligentne

---

[35] Patrz «duchowe oko» w słowniczku.

kwestionowanie i rzetelne badanie. Ci, którzy kultywują takie podejście, nie osądzają spraw z góry ani nie uznają z góry za prawdziwe opinii innych. Na ścieżce duchowej, Ci którzy konstruktywnie wątpią, opierają swoje konkluzje na testach i osobistym doświadczeniu: właściwym podejściu do prawdy.

. . .

– Czemu Bóg miałby tak łatwo wam się oddać? – powiedział Mistrz podczas wykładu. – Wam, którzy tak ciężko pracujecie dla pieniędzy, a tak niewiele dla boskiego urzeczywistnienia! Hinduscy święci mówią nam, że gdybyśmy poświęcili tak krótki okres czasu jak dwadzieścia cztery godziny na nieprzerwane modlitwy, to Bóg pojawiłby się przed nami albo pozwolił Siebie poznać w jakiś inny sposób. Nawet jeśli poświęcimy jedną godzinę dziennie na głęboką medytację o Nim, to z czasem On do nas przyjdzie.

. . .

Paramahansadźi poradził pewnemu nastawionemu intelektualnie uczniowi, żeby spróbował rozwijać oddanie. Czując, że uczeń robi szybkie postępy, pewnego dnia Mistrz zwrócił się do niego z czułością:

Wytrwaj na ścieżce oddania. Jakże „suche" było twoje życie, kiedy polegałeś jedynie na intelekcie!

. . .

– Pragnienia to najbardziej nieustępliwi wrogowie człowieka; nie może on ich zaspokoić – powiedział Mistrz. – Miejcie tylko jedno pragnienie: poznać Boga. Zaspokajanie pragnień zmysłowych nie może was zaspokoić, ponieważ nie jesteście zmysłami. One są jedynie waszymi sługami, a nie waszą Jaźnią.

. . .

Kiedy Paramahansadźi i uczniowie siedzieli przy kominku w salonie pustelni, rozmawiając o sprawach duchowych, Mistrz powiedział:

– Wyobraźcie sobie dwóch mężczyzn. Po ich prawej stronie jest dolina życia, po ich lewej jest dolina śmierci. Obydwaj są ludźmi rozsądku, ale jeden idzie w prawo, a drugi w lewo. Dlaczego? Ponieważ jeden użył właściwie swojej zdolności rozróżniania, a drugi nadużył tej zdolności, zagłębiając się w fałszywym racjonalizowaniu.

. . .

– Mistrzu, doktor Lewis był twoim pierwszym uczniem w tym kraju, czyż nie?

– Tak powiadają – odpowiedział Paramahansadźi. Widząc, że pytający był nieco zaskoczony, Mistrz dodał: – Nigdy nie mówię, że inni są moimi uczniami. Bóg jest Guru; oni są Jego uczniami.

. . .

Pewien uczeń ubolewał nad faktem, że gazety zajmują się przede wszystkim sprawami zła na świecie.

– Zło rozprzestrzenia się z wiatrem – powiedział Mistrz. – Prawda potrafi podróżować pod wiatr.

. . .

Wiele osób było ciekawych wieku Mistrza. On się roześmiał i powiedział:

– Ja nie mam wieku. Istniałem zanim powstały atomy, przed świtem stworzenia.

Uczniom dał następującą radę:

– Powiedzcie sobie tę prawdę: „Jestem nieskończonym oceanem, który stał się wieloma w falach. Jestem wieczny i nieśmiertelny. Jestem Duchem".

. . .

– Co sprawia, że ziemia nie opuszcza swojej orbity? – spytał Paramahansadźi pewnego ucznia.

– Siła dośrodkowa, czyli przyciąganie grawitacyjne słońca, Panie, które przeciwdziała temu, żeby ziemia zagubiła się w przestrzeni kosmicznej – odpowiedział młodzieniec.

– Co zatem sprawia, że ziemia nie zostaje całkowicie przyciągnięta przez słońce? – dociekał dalej Mistrz.

– Siła odśrodkowa ziemi, Panie, dzięki której utrzymuje ona pewien dystans od słońca.

Mistrz uśmiechnął się znacząco. Później wierny uświadomił sobie, że Paramahansadźi mówił alegorycznie o Bogu, jako przyciągającym słońcu i o egoistycznym człowieku, jako o ziemi, która „zachowuje dystans".

. . .

Pewien uczeń usiłował pojąć za pomocą intelektualnej analizy, czym jest Bóg. Mistrz powiedział mu:

– Nie sądź, że pojmiesz Nieskończonego Pana za pomocą rozumu. Rozum może jedynie pojąć zasadę przyczyny i skutku, która odnosi się do światów zjawiskowych. Rozum jest bezsilny w zrozumieniu transcendentalnej prawdy oraz natury Bezprzyczynowego Absolutu. Największą zdolnością człowieka jest nie rozum, ale intuicja: pojmowanie spontanicznie i natychmiastowo wiedzy wywodzącej się z duszy, a nie z zawodnego pośrednictwa zmysłów lub rozumu.

• • •

Rozstrzygając spór pomiędzy dwoma uczniami, Mistrz powiedział:

– Ludzkość ma tylko jednego prawdziwego wroga, niewiedzę. Pracujmy razem, pomagając sobie i zachęcając się wzajemnie, w dążeniu do jej zagłady.

• • •

– W jaki sposób Bóg, Nieprzejawiony Absolut, mógłby pojawić się wiernemu w widzialnej formie[36]? – zapytał pewien mężczyzna.

– Jeśli wątpisz, to nie zobaczysz; a kiedy zobaczysz, to nie będziesz wątpił – odpowiedział Mistrz.

• • •

– Ależ, Panie – tłumaczył się uczeń – nie sądziłem, że moje słowa sprawią M___ przykrość.

– Nawet, jeśli bezwiednie złamiemy prawo, albo nieumyślnie kogoś zranimy, to mimo wszystko popełniliśmy wykroczenie – powiedział Mistrz. – To egoizm źle nami kieruje. Święci nie działają niemądrze, ponieważ porzucili ego i odnaleźli

36 Patrz „Boska Matka" w słowniczku

swoją prawdziwą tożsamość w Bogu.

. . .

Uczeń wyraził swoją odrazę dla osoby, której zbrodnie były ostatnio opisywane w gazetach.

– Żal mi człowieka, który jest chory – powiedział Mistrz. – Czemu miałbym nienawidzić człowieka, który pogrążył się w odchłani zła? On *naprawdę jest* chory.

. . .

– Gdy ściany zbiornika ulęgają zniszczeniu – powiedział Mistrz – to woda płynie we wszystkich kierunkach. Podobnie, kiedy ograniczenia spowodowane niepokojem[37] i ułudą zostają usunięte dzięki medytacji, to świadomość człowieka rozprzestrzenia się ku nieskończoności i stapia się z wszechobecnością Ducha.

. . .

– Po co Bóg daje nam rodzinę, jeśli nie chce, żebyśmy kochali ją bardziej niż inne osoby? – zapytał uczeń.

– Przez umieszczenie nas w rodzinie, Bóg daje nam szansę pokonania egoizmu i nauczenia się jak myśleć bardziej o innych – odpowiedział Mistrz. – W przyjaźni oferuje nam możliwość pogłębienia naszego współczucia dla innych. Nawet i na tym to się nie kończy; powinniśmy poszerzać naszą miłość, aż stanie się ona boska, obecna w każdym miejscu i obejmująca wszystkie istoty. W przeciwnym wypadku, w jaki sposób

---

[37] Patrz „oddech" w słowniczku

możemy osiągnąć jedność z Bogiem, Ojcem wszystkich?

. . .

Boska cierpliwa miłość znalazła wzruszający wyraz w słowach Guru:

– W jednym z Jego aspektów, bardzo wzruszającym aspekcie, można uważać Boga za żebraka. Prosi On o naszą uwagę.
Pan wszechświata, pod którego spojrzeniem drżą wszystkie
gwiazdy, słońca, księżyce i planety goni za człowiekiem i mówi:
„Czemu nie obdarzysz mnie swym uczuciem? Czy nie kochasz
Mnie, Dawcy, bardziej niż rzeczy, które dla ciebie stworzyłem?
Czy nie chcesz Mnie odszukać?". Ale człowiek mówi: „Teraz
jestem zbyt zajęty; mam dużo do zrobienia. Nie mam czasu,
żeby Ciebie szukać". A Pan mówi: „To ja poczekam".

. . .

Mistrz wygłosił wykład o stworzeniu świata i o tym,
dlaczego Bóg je zaczął. Uczniowie zadawali wiele pytań.
Paramahansadźi zaśmiał się i rzekł:

– To życie to mistrzowska powieść napisana przez Boga,
a człowiek oszalałby, gdyby spróbował ją zrozumieć jedynie za
pomocą rozumu. To właśnie dlatego mówię wam, abyście więcej medytowali. Powiększcie magiczny puchar waszej intuicji,
a wówczas będziecie potrafili utrzymać w nim ocean nieskończonej mądrości.

. . .

– Rozumiem, że macie tutaj dwa rodzaje członków – tych,
którzy żyją w świecie i wyrzeczeńców, którzy mieszkają w pustelni

– powiedział gość. – Którzy z nich kierują się właściwą ścieżką?

– Niektóre osoby kochają Boga tak głęboko, że nic innego już się nie liczy. Stają się wyrzeczeńcami i pracują wyłącznie dla Boga – odpowiedział Mistrz. – Ci, którzy pracują w świecie, żeby utrzymać siebie i swoje rodziny, nie są wykluczeni z obcowania z Bogiem. Zwykle zabierze im to więcej czasu, żeby odnaleźć Boga, to wszystko.

. . .

Pewien mężczyzna lamentował, że sprawy przybrały dla niego zły obrót.

– To musi być moja karma – powiedział. – Nie udaje mi się w niczym osiągnąć powodzenia.

– Zatem, powinieneś poczynić większy wysiłek – odrzekł Mistrz. – Zapomnij o przeszłości i bardziej zaufaj Bogu. Nasz los nie jest przez Niego z góry ustalony; karma też nie jest wyłącznym czynnikiem, mimo że na nasze życie mają *wpływ* nasze myśli i uczynki z przeszłości. Jeśli nie jesteś zadowolony z tego jak układa ci się twoje życie, to zmień jego szablon. Nie lubię słuchać jak ludzie wzdychają i przypisują obecne porażki błędom z przeszłości; takie zachowanie to duchowe lenistwo. Weź się do pracy i usuń chwasty z ogrodu swojego życia.

. . .

– Dlaczego Bóg nie karze tych, którzy bluźnią przeciwko Jego imieniu? – zapytał pewien uczeń.

Mistrz odpowiedział:

– Bóga nie wzruszają ani nieszczere modlitwy, ani ignoranckie ateistyczne wybuchy. Odpowiada On człowiekowi

Paramahansadżi z gośćmi, Amalą i Udayem Shankarem, wybitnymi artystami hinduskich tańców klasycznych, wraz z ich zespołem tancerzy i muzyków (wśród których znajdował się grający na sitarze, znakomity Ravi Shankar, brat Udaya Shankara); aśram Self-Realization Fellowship w Encinitas, Kalifornia, 1950 r.

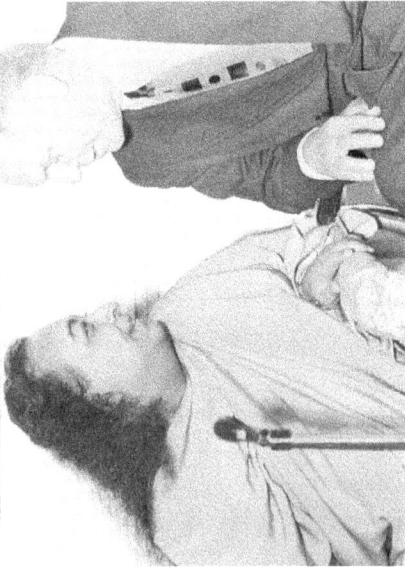

Śri Jogananda i były gubernator Kalifornii Goodwin J. Knight, który wziął udział w poświęceniu India Hall w aśramie Self-Realization Fellowship w Hollywood, 1951 r.

jedynie poprzez prawo. Uderz w kamień kłykciami, wypij kwas siarkowy, a będziesz musiał ponieść konsekwencje. Złam Jego prawa życiowe, a przyniesie ci to cierpienie. Myśl poprawnie, zachowuj się szlachetnie, a przyjdzie spokój. Kochaj Boga bezwarunkowo, wtedy On przyjdzie!

.   .   .

– Według nauk Jezusa, wielkim człowiekiem jest ten, który uważa samego siebie za najmniejszego – powiedział Paramahansadźi. – Prawdziwym przywódcą jest ten, który najpierw nauczył się posłuszeństwa wobec innych, kto uważa siebie za sługę wszystkich, i który nigdy nie stawia siebie na piedestale. Ci, którzy pragną pochlebstw, nie zasługują na nasz podziw, ale ten, kto nam służy, ma prawo do naszej miłości. Czyż Bóg nie jest sługą Swoich dzieci, i czy On prosi o pochwały? Nie. On jest zbyt wielki, by Go to poruszyło.

.   .   .

Mistrz udzielał porady kapłanom Self-Realization Fellowship na temat przygotowywania ich kazań.

– Najpierw głęboko medytujcie – powiedział im. – Następnie zachowując uczucie spokoju, które przychodzi wraz z medytacją, pomyślcie o temacie waszego kazania. Zapiszcie swoje pomysły i załączcie jedną lub dwie zabawne historyjki, ponieważ ludzie lubią się pośmiać; i zakończcie cytatem z *Lekcji SRF*[38]. Następnie odłóżcie notatki i zapomnijcie o całej sprawie. Tuż przed wygłoszeniem kazania w kościele, poproście Ducha, żeby spłynął przez wasze słowa. Takim

[38] Patrz słowniczek

sposobem przyciągniecie inspirację nie od ego, ale od Boga.

. . .

Kobieta powiedziała Guru, że chociaż regularnie uczęszczała na msze do świątyni, to nie czuła, że jest bliżej Boga. Paramahansadźi odpowiedział:

– Jeśli powiem ci, że owoc ma pewien kolor, że jest słodki i w jaki sposób rośnie, to nadal będziesz o nim wiedziała jedynie rzeczy mało istotne. By poznać jego konkretny smak, sama musisz go zjeść. Podobnie, aby urzeczywistnić prawdę, musisz jej doświadczyć. – Po czym dodał: – Ja mogę jedynie pobudzić twój apetyt na boski owoc. Dlaczego się tym nie zajmiesz i nie skosztujesz go?

. . .

– Wszyscy jesteśmy falami na łonie oceanu – powiedział Mistrz. – Ocean może istnieć bez fal, ale fale nie mogą istnieć bez oceanu. Podobnie, Duch może istnieć bez człowieka, ale człowiek nie może istnieć bez Ducha.

. . .

Wierny walczył bez większego powodzenia, żeby pokonać swoje słabości. Mistrz rzekł do niego:

– Obecnie nie proszę cię, żebyś przezwyciężył *maję*. Wszystko o co proszę, to żebyś się jej *przeciwstawił*.

. . .

Nowemu uczniowi, skoremu do unikania życiowych prób, Mistrz powiedział:

– Boski Lekarz trzyma cię w szpitalu ziemskiej ułudy dotąd, dopóki twoja choroba pragnienia rzeczy materialnych nie zostanie uleczona. Wówczas to, pozwoli ci On pójść do Domu.

· · ·

Podczas wykładów na wschodnim wybrzeżu Mistrz spotkał wybitnego biznesmena. W toku ich rozmowy mężczyzna nadmienił:

– Jestem niesamowicie zdrowy i niesamowicie bogaty.

– Ale nie jesteś niesamowicie szczęśliwy, czyż mam rację? – odpowiedział na to Mistrz.

Mężczyzna przyznał rację i stał się wiernym uczniem nauk *krija-jogi* Paramahansy Joganandy.

· · ·

W odniesieniu do biblijnego cytatu: „Oto stoję u drzwi i kołaczę: jeśli ktoś posłyszy mój głos i drzwi otworzy, wejdę do niego i będę z nim wieczerzał, a on ze Mną" [39], Mistrz powiedział:

– Chrystus pragnie przekroczyć drzwi waszych serc, ale zatrzasnęliście je swoją obojętnością.

· · ·

– Dobrze Panie, że nauczasz obecnie w Ameryce. Po dwóch wojnach światowych ludzie są bardziej otwarci na twoje duchowe przesłanie – zauważył mężczyzna, który niedawno

[39] Apokalipsa 3:20

przeczytał *Autobiografię jogina*.
– Tak – odpowiedział Mistrz. – Pięćdziesiąt lat temu byliby
na to obojętni. „Wszystko ma swój czas i dla wszystkich spraw
pod niebem jest wyznaczona godzina" [40].

. . .

Wraz z szybkim rozwojem Self-Realiztion Fellowship, organizacji, którą założył, żeby rozpowszechniać swoje nauki,
Mistrz zaobserwował, że niektórzy uczniowie byli pochłonięci
pracą. Ostrzegł ich:
– Nigdy nie bądźcie zbyt zajęci, żeby nie śpiewać w tajem-
nicy Panu: „Tyś jest mój, Jam jest Twój".

. . .

Widząc, że uczeń popadł w smutny nastrój, Mistrz powiedział delikatnie:
– Kiedy kolec nieszczęścia przebija twoje serce, to wyciąg-
nij go kolcem medytacji.

. . .

– Nie jest to ścieżka dla próżniaków – powiedział Mistrz
podczas krótkiego przemówienia powitalnego dla nowego re-
zydenta w Ośrodku na Górze Waszyngtona. – Leniwa osoba
nie może znaleźć Boga, cudownego Stwórcę stworzenia! Nie
pomaga On tym, którzy sądzą, że to On powinien wykonywać całą pracę. Sekretnie natomiast wspomaga tych, którzy
wykonują swoje obowiązki radośnie i inteligentnie, i którzy

[40] Ks. Koheleta 3:1

mówią: „Panie to Ty działasz za pomocą mojego mózgu i rąk".

.   .   .

Uczeń narzekał, że jest zbyt zajęty, żeby medytować. Odpowiedź Mistrza była krótka:
– Przypuśćmy, że Bóg byłby zbyt zajęty, żeby się tobą opiekować?

.   .   .

– Ludzkie ciało jest boską ideą w umyśle Boga – powiedział Mistrz. – Stworzył On nas z promieni nieśmiertelnego światła [41] i zamknął nas w ciele, jak w żarówce. Skupiliśmy naszą uwagę na ułomnościach nietrwałej żarówki, zamiast na wiekuistej energii życiowej wewnątrz niej.

.   .   .

– Bóg zdaje się być nieokreślony i odległy – argumentował uczeń.
– Pan wydaje się odległy tylko dlatego, że twoja uwaga skierowana jest na zewnątrz, w stronę Jego stworzenia, a nie do wewnątrz, ku Niemu – powiedział Mistrz. – Zawsze kiedy twój umysł błądzi w labiryncie miriad ziemskich myśli, to cierpliwie kieruj go z powrotem ku pamięci o zamieszkującym w tobie Panu. Z czasem przekonasz się, że jest On zawsze z tobą; Bóg, który rozmawia z tobą w twoim własnym języku; Bóg, którego twarz zerka na ciebie z każdego kwiatu, krzaczka czy źdźbła trawy. Wtenczas

---

[41] „Jeśli zatem oko twoje będzie zdrowe, *całe ciało będzie pełne światłości*" — Mateusz 6:22

powiesz: „Jestem wolny! Odziany jestem w cienką pajęczynkę Ducha; lecę z ziemi do nieba na skrzydłach światła". I jakaż radość ogarnie twoją istotę!

. . .

– Czy może pan, jedynie patrząc na jakąś osobę, powiedzieć jak bardzo jest ona zaawansowana duchowo? – zapytał Mistrza uczeń.

– Od razu – odrzekł cicho Mistrz. – Widzę ukrytą stronę ludzi, ponieważ taka jest moja rola w tym życiu. Nie rozmawiam jednak o moich odkryciach. Ten, kto egoistycznie mówi, że wie, nie wie. Ten, kto wie naprawdę, dlatego, że zna Boga, milczy.

. . .

Do uczennicy, która wielokrotnie prosiła Mistrza, żeby obdarzył ją świadomością Bożą, a mimo to nie robiła nic, żeby przygotować się do tego stanu, Mistrz powiedział:

– Ten kto szczerze kocha Boga może natchnąć swoich błądzących braci i siostry pragnieniem powrotu do domu, który jest w Nim; ale oni sami, krok po kroku, muszą podjąć rzeczywistą podróż.

. . .

Co roku, w przededniu Bożego Narodzenia, uczniowie zbierali się z Mistrzem w Ośrodku na Górze Waszyngtona, na medytacji. Święta sesja zwykle trwała cały dzień, aż do godzin wieczornych. Podczas bożonarodzeniowej medytacji w roku 1948, Boska Matka pojawiła się przed Mistrzem, a zdumieni uczniowie słyszeli jak z Nią rozmawiał. Wielokrotnie wykrzykiwał z głębokim westchnieniem:

– Och, jesteś taka piękna!

Paramahansadźi przekazał wielu obecnym tam wiernym Jej życzenia odnoszące się do ich życia. Nagle zawołał:

– Nie odchodź! Mówisz, że podświadome materialne pragnienia tych tu ludzi przepędzają Ciebie? Och, wróć! Wróć!

.   .   .

– Nigdy nie potrafiłem uwierzyć w raj, Mistrzu – zauważył nowy uczeń. – Czy naprawdę istnieje takie miejsce?

– Tak – odpowiedział Paramahansadźi. – Ci, którzy kochają Boga i ufają Mu, idą tam po śmierci. Na tej astralnej płaszczyźnie [42] posiadamy moc natychmiastowego materializowania czegokolwiek dzięki samej myśli. Ciało astralne zbudowane jest z migoczącego światła. W tych sferach istnieją kolory i dźwięki, o których na ziemi nic nie wiemy. Jest to piękny i bardzo przyjemny świat, ale nawet doświadczenie raju nie jest stanem najwyższym. Człowiek osiąga ostateczną szczęśliwość, kiedy przekracza sfery zjawiskowe i urzeczywistnia Boga, i samego siebie, jako Absolutnego Ducha.

.   .   .

– Diament i węgiel leżące obok siebie na równi przyjmują promienie słoneczne; ale dopóki węgiel nie stanie się diamentem, białym i czystym, to nie może odbijać światła słonecznego – powiedział Mistrz. – Podobnie, nie można porównać piękna zwyczajnej osoby, nieuświadomionej duchowo, z pięknem oczyszczonego wiernego, który potrafi odzwierciedlać światło Boże.

.   .   .

---

42 Patrz „światy astralne" w słowniczku

– Powstrzymujcie się od plotek i od rozpowszechniania pogłosek – powiedział Mistrz do grupy uczniów. – Pofolgujcie kłamstwu przez dwadzieścia cztery godziny, a będzie się potem wydawać, że jest nieśmiertelne.

Następnie powiedział im:

– Mężczyzna, który kiedyś mieszkał w pustelni, często mówił o innych nieprawdę. Pewnego razu rzucił bezpodstawną plotkę o pewnym chłopcu. Kiedy dotarła ona do moich uszu, to szepnąłem paru osobom fałszywą, ale nieszkodliwą historyjkę na temat tego człowieka. Przyszedł on do mnie i rzekł urażonym tonem: „Posłuchaj, co wszyscy tutaj o mnie mówią!". Słuchałem uprzejmie. Kiedy skończył, zauważyłem: „Nie podoba ci się to, co?". „Oczywiście, że nie!", odpowiedział. Kontynuowałem: „Teraz wiesz już, jak czuł się chłopiec, kiedy inni powtarzali kłamstwo, które o nim powiedziałeś". Mężczyzna zmieszał się, więc dodalem: „To ja pierwszy puściłem w obieg tę historyjkę na twój temat. Zrobiłem tak, żeby dać ci lekcję szacunku dla innych – lekcję, jakiej nie potrafiłeś się nauczyć w żaden inny sposób".

. . .

– Powinniście głęboko medytować – powiedział Mistrz do grupy uczniów. – Skoro tylko pozwolicie sobie na bycie niespokojnymi, to stare kłopoty zaczną się od nowa: pragnienie seksu, wina i pieniędzy.

. . .

– Człowiek zdaje się mieć mało wolnej woli – zauważył uczeń. – Moje życie jest „ustalone" na tak wiele sposobów.

– Zwróć się do Boga, a przekonasz się, że zrzucisz z siebie łańcuchy nawyków i środowiska – odrzekł Mistrz. – Chociaż dramat życia rządzony jest przez kosmiczny plan, to człowiek może zmienić w nim swoją rolę zmieniając poziom swojej świadomości. Jaźń utożsamiona z ego jest zniewolona; Jaźń utożsamiona z duszą jest wolna.

. . .

Gość Ośrodka na Górze Waszyngtona powiedział do Mistrza:
– Wyznaję Boga, ale On mi nie pomaga.
– Wyznawanie Boga to nie to samo co wiara w Boga – odpowiedział Mistrz. – Wyznawanie jest bezwartościowe, jeśli się go nie testuje i nie żyje według niego. Wyznawanie zamienione w doświadczenie staje się wiarą. To właśnie dlatego prorok Malachiasz powiedział nam: „Możecie mnie doświadczać w tym – mówi Pan Zastępów – czy wam nie otworzę zaworów niebieskich i nie zleję na was błogosławieństwa w przeobfitej mierze"[43].

. . .

Uczennica popełniła poważny błąd.
– Zawsze rozwijałam dobre nawyki. Wydaje się to niewiarygodne, że mogło mi się przytrafić takie nieszczęście – rozpaczała.
– Twój błąd polegał na tym, że za bardzo opierałaś się na dobrych nawykach i zaniedbywałaś stałe egzekwowanie właściwego osądu – powiedział Mistrz. – Twoje dobre nawyki pomagają ci w zwyczajnych, znajomych ci sytuacjach, ale nie wystarczają, żeby cię pokierować, kiedy pojawia się nowy problem. Wówczas niezbędna jest zdolność rozróżniania. Dzięki

[43] Ks. Malachiasza 3:10

głębokiej medytacji nauczysz się wybierać właściwy kierunek w każdej sytuacji, nawet wówczas, kiedy będziesz miała do czynienia z nadzwyczajnymi okolicznościami. – Po czym Mistrz dodał: – Człowiek nie jest automatem, a zatem nie zawsze może żyć mądrze, kierując się wyłącznie zbiorem reguł oraz sztywnymi moralnymi zasadami. Wśród ogromnej różnorodności codziennych problemów i wydarzeń odnajdujemy możliwości rozwoju i właściwego osądu.

. . .

Pewnego dnia Paramahansadźi skrytykował mnicha za złe zachowanie.

– Ale wybaczysz mi, Panie, nieprawdaż? – zapytał uczeń.
– No a cóż innego mam zrobić? – odrzekł Mistrz.

. . .

Duża grupa uczennic, starszych i młodszych, dobrze bawiła się na pikniku z Mistrzem na terenie Ośrodka Self-Realization Fellowship w Encinitas, wznoszącym się nad samym Oceanem Spokojnym.

– O ileż jest to lepsze od rozrywek, na których trwonią czas niespokojni przyziemni ludzie – powiedział Paramahansadźi. Każda z was wzbogaca się w spokój i szczęście. Bóg pragnie, żeby Jego dzieci prowadziły proste życie i zadowalały się niewinnymi przyjemnościami.

. . .

– Nie zajmujcie się wadami innych – powiedział Mistrz.
– Stosujcie oczyszczający środek mądrości, aby utrzymać

w jasności i czystości komory waszego umysłu. Dzięki wasze-
mu przykładowi, inne osoby zostaną również zachęcone do
sprzątania.

. . .

Dwóch uczniów, bezzasadnie rozgniewanych na jednego
ze swoich braci, zaniosło swoje skargi do Mistrza. On wysłu-
chał ich w ciszy. Kiedy skończyli, rzekł:
– Zmieńcie się sami.

. . .

– Naprowadzaj wolę swoich dzieci we właściwym kierunku, z dala od egoizmu i wynikających z niego nieszczęść – powiedział Mistrz pewnej matce. – Nie ograniczaj ich wolności
i nie przeciwstawiaj się im bez potrzeby. Przekazuj im swoje
sugestie z miłością i ze zrozumieniem ważności ich własnych
małych pragnień. Jeśli zamiast dyskutować z nimi, będziesz
udzielała im nagany, to utracisz ich zaufanie. Jeśli dziecko jest
uparte, to wyjaśnij mu swoje stanowisko raz, a potem nie mów
już nic więcej. Niech samo otrzyma od życia parę ciosów; one
nauczą je zdolności rozróżniania szybciej, niż jakiekolwiek
słowa porady.
[W treningu swojej duchowej rodziny uczniowskiej
Paramahansadźi postępował zgonic z własnymi radami.
Pomógł on we właściwy sposób „dzieciom" w różnym wieku
w rozwoju ich własnej woli. Jego sugestie były przekazywane
z miłością i z pełnym zrozumieniem szczególnych potrzeb
i charakteru każdego wiernego. Rzadko kiedy napominał daną
osobę dwukrotnie; wskazywał raz pewne słabości u ucznia,
a następnie zachowywał na ten temat milczenie].

. . .

– Ciężko jest przebywać w pobliżu wonnej róży czy brzydko pachnącego skunksa i nie odczuwać ich wpływu – powiedział Mistrz. – A zatem lepiej jest zadawać się jedynie z ludzkimi różami.

. . .

– Podobają mi się pańskie nauki. Ale czy jest pan chrześcijaninem? – spytał ktoś, rozmawiając po raz pierwszy z Mistrzem.

– Czyż Chrystus nie powiedział nam: „Nie każdy, kto mówi Mi: Panie, Panie!, wejdzie do królestwa niebieskiego, lecz ten, kto spełnia wolę mojego Ojca"[44] – odpowiedział Guru. – W Biblii termin *poganin* oznacza bałwochwalcę: kogoś, kogo uwaga nie jest skupiona na Panu, ale na atrakcjach świata. Materialista może chodzić do kościoła w niedzielę, i nadal być poganinem. Ten, kto wiecznie ma zapaloną lampę pamięci o Ojcu Niebieskim, i przestrzega zasad Jezusa, jest chrześcijaninem. – I dodał: – Sam zdecyduj, czy będziesz mnie uważał za chrześcijanina, czy nie.

. . .

– Widzisz, jak dobrze jest pracować dla Pana – powiedział Mistrz do chętnego i skrupulatnego ucznia. – Poczucie egoizmu lub samolubstwa w nas jest sprawdzianem. Czy będziemy mądrze pracowali dla Ojca Niebieskiego, czy głupio dla samych siebie? – Nasępnie dodał: – Poprzez wykonywanie działań we właściwym duchu, dochodzimy do zrozumienia, że Pan jest jedynym Wykonawcą; to znaczy, że cała moc jest boska i płynie od Jedynej Istoty, Boga.

. . .

---

44 Mateusz 7:21

– Życie jest wielkim sennym marzeniem Boga – powiedział Mistrz.

– Jeśli jest to jedynie senne marzenie, to dlaczego ból jest tak realny? – dopytywał się pewien uczeń.

– Uderzenie głową we śnie w ścianę ze snu wywołuje wyśniony ból – odpowiedział Paramahansadźi. – Śniący nie jest świadomy halucynacyjnej materii sennego marzenia, dopóki się nie obudzi. Podobnie człowiek nie rozumie iluzorycznej natury kosmicznego snu stworzenia, dopóki nie przebudzi się w Bogu.

· · ·

Mistrz kładł nacisk na potrzebę prowadzenia zrównoważonego życia poprzez aktywność i medytację.

– Kiedy pracujecie dla Boga a nie dla siebie – mówił – jest to tak samo dobre jak medytacja. Wówczas praca pomaga waszej medytacji, a medytacja waszej pracy. Potrzebujecie równowagi. Tylko medytując, stajecie się leniwi. Będąc tylko aktywnym, umysł staje się przyziemny, a wy zapominacie o Bogu.

· · ·

– Piękna jest myśl, że Bóg kocha wszystkich jednakowo – powiedział pewien gość – ale wydaje się to niesprawiedliwe, że miałby On tak samo dbać o grzesznika, jak i o świętego.

– Czy diament jest mniej warty przez to, że pokrywa go błoto? – odpowiedział Mistrz. – Bóg widzi niezmienne piękno naszych dusz. Wie on, że nie jesteśmy naszymi błędami.

· · ·

Wiele osób zdaje się negować postęp, preferując stare

koleiny myślenia i działania.

– Nazywam takich ludzi „psychologicznymi antykami" – powiedział Mistrz do uczniów. – Nie bądźcie jednym z nich, żeby kiedy umrzecie, nie powiedzieli aniołowie: „O, patrzcie, nadchodzi antyk! Wyślijmy go z powrotem na ziemię!" [45].

. . .

– Jaka jest różnica między osobą przyziemną, a osobą złą? – zapytał mężczyzna.

– Większość ludzi jest przyziemna – odpowiedział Mistrz – niewielu jest naprawdę złych. „Przyziemny" oznacza kogoś nierozsądnego, przywiązującego wagę do błahostek i pozostającego z dala od Boga z powodu niewiedzy. Ale „zły" oznacza świadome odwrócenie się od Boga; niewielu tak by postąpiło.

. . .

Nowy uczeń myślał, że możliwe jest, aby przyswoić nauki Mistrza jedynie poprzez dogłębne ich studiowanie, bez praktykowania medytacji. Paramahansadźi powiedział mu:

– Percepcja prawdy musi wypływać z rozwoju wewnętrznego. Nie może być przeszczepem.

. . .

– Nie rozpaczajcie, jeśli nie zobaczycie świateł czy nie doznacie wizji podczas medytacji – powiedział Mistrz wiernym. – Pogłębiajcie postrzeganie Szczęśliwości; tam odnajdziecie rzeczywistą obecność Boga. Nie poszukujcie części, ale Całości.

. . .

---

45 Patrz „reinkarnacja" w słowniczku

Pewien uczeń, którego Mistrz zainicjował w *krija-jodze*, powiedział do innego ucznia:

– Nie ćwiczę *krija-jogi* codziennie. Staram się zachować wspomnienie radości, która przyszła do mnie, kiedy po raz pierwszy zastosowałem tę technikę.

Gdy Paramahansadźi usłyszał to, roześmiał się i powiedział:

– Przypomina on głodnego człowieka, który odmawia pożywienia, mówiąc: „Nie, dziękuję, usiłuję trzymać się uczucia nasycenia, jakie miałem po posiłku w poprzednim tygodniu".

●　●　●

– Mistrzu, kocham wszystkich – powiedziała uczennica.

– Powinnaś kochać jedynie Boga – odpowiedział jej Paramahansadźi.

Uczennica spotkała się z Guru parę tygodni później.

– Czy kochasz innych? – spytał ją.

– Zachowuję moją miłość wyłącznie dla Boga – odpowiedziała wierna.

– Powinnaś kochać wszystkich tą samą miłością.

– Panie, co masz na myśli? – spytała zdumiona uczennica. – Najpierw powiedziałeś, że źle jest kochać wszystkich, potem mówisz, że źle jest wykluczyć kogoś.

– Pociąga cię osobowość ludzi; prowadzi to do ograniczającego przywiązania – wyjaśnił Mistrz. – Kiedy prawdziwie kochasz Boga, to będziesz Go widziała w każdej twarzy, i wtedy dowiesz się, co to znaczy kochać wszystkich. Powinniśmy adorować nie formy czy ego, ale zamieszkującego w każdym Pana. Jedynie On daje Swoim stworzeniom życie, wdzięk i indywidualność.

●　●　●

Uczeń wyraził swoje pragnienie zadowolenia Mistrza. Paramahansadźi odpowiedział:

– Moje szczęście kryje sie w tym, że wiem, że jesteś szczęśliwy w Bogu. Bądź w Nim zakotwiczony.

. . .

– Moje pragnienie Boga jest bardzo intensywne – powiedział uczeń.

– Móc odczuwać Jego przyciągającą siłę w swoim sercu – odrzekł Mistrz – to największe błogosławieństwo. Jest to Jego sposób mówienia: „Zbyt długo bawiłeś się przedmiotami, które stworzyłem dla zabawy. Teraz chcę, żebyś był ze Mną. Wracaj do domu!".

. . .

Niektórzy mnisi i mniszki Zakonu Self-Realization Fellowship dyskutowali z Mistrzem o względnych korzyściach noszenia zakonnego stroju, jako pomocy w poszukiwaniu Boga. Mistrz powiedział:

– To, co się liczy, to nie wasz strój, ale wasza postawa. Uczyńcie wasze serce pustelnią, a miłość do Boga waszą szatą.

. . .

Dyskutując o szaleństwie pozostawania pod wpływem złego towarzystwa, Mistrz powiedział:

– Obieranie czosnku albo dotykanie zepsutych jajek zostawia brzydki odór na rękach, które wymagają potem mocnego szorowania.

. . .

Paramahansa Jogananda przemawia podczas poświęcenia Lake Shrine i Pomnika Światowego Pokoju im. Gandhiego, w Pacific Palisades, Kalifornia, 1950 r.

– Dopóki identyfikujemy się z ciałem, to czujemy się jak przybysze w obcym kraju – powiedział Mistrz. – Naszym krajem rodzinnym jest Wszechobecność.

. . .

Grupa uczniów spacerowała z Mistrzem po trawniku pustelni w Encinitas, która wznosi się nad samym oceanem. Było bardzo mgliście i ciemno. Ktoś zauważył:

– Jakże jest zimno i ponuro!

– Można to porównać z atmosferą, która otacza materialistyczną osobę w momencie śmierci – powiedział Mistrz. – Ześlizguje się ona z tego świata w coś, co zdaje się być gęstą mgłą. Nic nie jest dla niej wyraźne; i przez pewien czas czuje się ona zagubiona i przestraszona. Następnie, w zależności od jej karmy, idzie ona albo do jasnego świata astralnego, gdzie ma odrobić swoje duchowe lekcje, albo zatapia się w otępieniu, dopóki nie nadejdzie dla niej właściwy moment odrodzenia na ziemi. – Po czym dodał: – Świadomość wiernego, tego, który kocha Boga, nie zostaje zakłócona podczas przejścia z tego świata do następnego. Bez wysiłku wkracza on w królestwo światła, miłości i radości.

. . .

– Większość osób pochłonięta jest materialnymi rzeczami – powiedział Mistrz. – Jeśli w ogóle myślą o Bogu, to tylko po to, żeby prosić Go o pieniądze lub zdrowie. Rzadko modlą się o najwyższy dar: widok jego twarzy, transformujący dotyk Jego ręki. Pan zna bieg naszych myśli. Nie objawi się nam jednak, dopóki nie oddamy Jemu naszego ostatniego ziemskiego pragnienia; dopóki każdy z nas nie powie: „Ojcze, kieruj i rozporządzaj mną”.

. . .

– Bez względu na to, w którą stronę skierujecie kompas, to jego igła zawsze wskazuje północ – powiedział Mistrz. – Podobnie jest z prawdziwym joginem. Może on być zaabsorbowany wieloma zewnętrznymi działaniami, ale jego umysł zawsze kieruje się ku Panu. Jego serce nieustannie śpiewa: „Mój Boże, mój Boże, najukochańszy ze wszystkich".

. . .

– Nie spodziewajcie się codziennie duchowych kwiatów w ogrodzie swojego życia – powiedział Mistrz do grupy uczniów. – Miejcie wiarę, że Pan, któremu się oddaliście, we właściwym czasie przyniesie wam boskie spełnienie. Już zasialiście nasiona Boskiej aspiracji; podlewajcie je modlitwą i prawymi uczynkami. Usuwajcie chwasty zwątpienia, niezdecydowania i letargu. Kiedy pojawią się kiełki boskich percepcji, to pielęgnujcie je z poświęceniem. Pewnego poranka ujrzycie kwiat Samourzeczywistnienia.

. . .

Paramahansadźi wygłaszał dyskurs przed grupą uczniów. Pewien wierny pozornie skupiony na słowach Guru, pozwolił, aby jego myśli pobłądziły. Gdy nadszedł czas pożegnania, Paramahansadźi zaznaczył:

– Umysł jest jak koń; dobrze jest go przywiązać, żeby nam nie uciekł.

. . .

Wielu mężczyzn i kobiet nie rozumiejąc prawd duchowych, opiera się pomocy, której chętnie chciałby im udzielić mędrzec. Podejrzliwie odrzucają jego rady. Pewnego dnia Paramahansadźi westchnął:

– Ludzie są tacy umiejętni w swojej niewiedzy!

. . .

Gorliwy nowy uczeń, spodziewający się w magiczny sposób osiągnięcia wyników w jedną noc, był rozczarowany, że po tygodniu wysiłków w medytacji nie potrafił zauważyć żadnego znaku Bożej obecności w sobie.

– Jeśli nie odkryjesz perły po jednym lub dwóch nurkowaniach, to nie wiń za to oceanu; poszukaj błędu w swoim nurkowaniu – powiedział Mistrz. – Jeszcze nie zanurkowałeś wystarczająco głęboko.

. . .

– Dzięki praktyce medytacji – powiedział Mistrz – odkryjecie, że posiadacie w sobie przenośny raj.

. . .

Paramahansadźi był na wiele sposobów najłagodniejszym z łagodnych, ale przy odpowiedniej okazji potrafił być nieugiętym. Pewien uczeń, zobaczywszy jedynie miękką stronę Mistrza, zaczął zaniedbywać swoje obowiązki. Guru ostro go skarcił. Widząc zdumienie w oczach młodzieńca z powodu tej niespodziewanej nagany, Mistrz powiedział:

– Gdy zapominasz o najwyższym celu, który cię tutaj przywiódł, to ja pamiętam o moim duchowym zobowiązaniu naprawiania twoich wad.

. . .

Guru kładł nacisk na konieczność całkowitej szczerości z Bogiem. Mówił:

– Boga nie można przekupić wielkością zgromadzenia w kościele czy jego bogactwem, albo dobrze przygotowanymi kazaniami. Bóg odwiedza jedynie ołtarze serc, które są oczyszczone łzami oddania i rozświetlone świecami miłości.

• • •

Wierny był przygnębiony, ponieważ współuczniowie zdawali się robić większe postępy duchowe niż on. Mistrz powiedział jemu:

– Nie spuszczasz oczu z wielkiego półmiska, zamiast patrzeć w swój własny talerz, myśląc o tym, czego nie dostałeś, zamiast o tym, co masz.

• • •

Mistrz często mówił o swojej wielkiej rodzinie poszukiwaczy prawdy:

– Boska Matka przysłała mi te wszystkie dusze, abym mógł pić nektar Jej miłości z pucharów wielu serc.

• • •

Pewien uczeń zainteresowany propagowaniem nauk Guru, radował się za każdym razem, kiedy frekwencja w świątyni Self-Realization Fellowship w Hollywood była szczególnie wysoka. Ale Paramahansadźi powiedział:

– Sklepikarz odnotowuje uważnie, jak wiele osób przychodzi do jego sklepu. Nigdy w ten sposób nie myślę o naszym kościele. Cieszę się z „tłumu dusz", jak to często mówię, ale moją przyjaźń daję bezwarunkowo wszystkim, bez względu na to, czy przychodzą tutaj czy nie.

. . .

Zniechęconemu uczniowi Mistrz powiedział:
– Nie bądź negatywny. Nigdy nie mów, że nie robisz postępów. Kiedy myślisz: „Nie potrafię znaleźć Boga", to sam na siebie wydajesz ten wyrok. Nikt inny nie trzyma Boga z dala od ciebie.

. . .

– Mistrzu, podaj mi modlitwę, jakiej powinienem używać, żeby jak najszybciej przyciągnąć do siebie Boskiego Umiłowanego – poprosił hinduski wierny.
– Daj Bogu klejnoty modlitwy ukrytej głęboko w kopalni twego własnego serca – odpowiedział Paramahansadźi.

. . .

Mistrz zawsze hojny, zawsze oddający innym to, co sam otrzymał, powiedział pewnego razu:
– Nie wierzę w dobroczynność. – Obserwując zdumienie na twarzach uczniów, dodał: – Dobroczynność zniewala ludzi. Dzielenie się z innymi mądrością w taki sposób, że pozwala im to pomóc samym sobie, jest lepsze, niż jakikolwiek dar materialny.

. . .

– Zły nawyk można szybko zmienić – powiedział Mistrz do ucznia szukającego u niego pomocy. – Nawyk jest wynikiem koncentracji umysłu. Myślisz w pewien ustalony sposób. Aby uformować nowy, dobry nawyk, po prostu skoncentruj myśli w odwrotnym kierunku.

. . .

– Kiedy nauczycie się być szczęśliwymi w *teraźniejszości,* to odnajdziecie prawdziwą ścieżkę do Boga – powiedział Mistrz do grupy uczniów.
– Bardzo niewiele osób zatem żyje w teraźniejszości – zauważył wierny.
– Prawda – odrzekł Paramahansadźi. – Większość żyje w myślach o przeszłości lub przyszłości.

. . .

Uczeń, którego spotkało wiele rozczarowań, zaczął tracić wiarę w Boga. Mistrz rzekł do niego:
– Moment, kiedy Boska Matka bije ciebie najmocniej jest tą chwilą, kiedy powinieneś trzymać się nieustępliwie Jej spódnicy.

. . .

Mówiąc o niegodziwości plotkarstwa, Mistrz rzekł do grupy uczniów:
– Mój guru Śri Jukteśwar zwykł mawiać: „Jeśli nie jest to coś, co można powiedzieć wszystkim, to nie chcę tego słyszeć".

. . .

– Pan stworzył zarówno człowieka, jak i *maję* – powiedział Mistrz. – Stany ułudy, jak gniew, chciwość, egoizm i tak dalej, są jego wynalazkami, a nie naszymi. On jest odpowiedzialny za planowanie testów w życiowym wyścigu z przeszkodami. – Po chwili dodał: – Wielki święty indyjski zwykł był się modlić: „Niebieski Ojcze nie prosiłem się o to, by mnie stworzono; ale skoro mnie stworzyłeś, to proszę Cię, uwolnij mnie w Twoim Duchu". Jeśli będziecie w ten sposób czule mówili do Boga, to On będzie musiał zabrać was do Domu.

. . .

– Nie ulegaj pochwałom znajomych, którzy tak naprawdę dobrze ciebie nie znają– powiedział Mistrz. – Szukaj raczej dobrej opinii prawdziwych przyjaciół, takich, którzy pomogą ci udoskonalać samego siebie, i którzy nigdy nie będą ci schlebiali albo pobłażali twoim wadom. To sam Bóg kieruje tobą poprzez szczerość prawdziwych przyjaciół.

. . .

Dwóch uczniów przyjechało razem na praktyki do Ośrodka na Górze Waszyngtona. Pozostali wierni wysoko ich sobie cenili. Jednakże niedługo potem, obaj wyjechali. Mistrz powiedział mieszkańcom aśramu:
– Byliście pod wrażeniem ich uczynków, ale ja obserwowałem ich myśli. Chociaż na zewnątrz stosowali się do wszystkich reguł, to wewnętrznie szaleli. Dobre zachowanie nie potrwa długo, jeśli nie zastosujemy właściwych środków, aby oczyszczać umysł.

. . .

Mężczyzna był głęboko przywiązany do Mistrza, ale nie chciał kierować się jego radami. Paramahansadźi powiedział:
– Trudno mi jest gniewać się na niego; bo chociaż robi wiele błędów, to jego serce tęskni do Boga. Gdyby tylko mi pozwolił, to szybko zaprowadziłbym go do Domu Bożego; tak

czy inaczej, z czasem on tam się dostanie. On jest jak Cadillac, który utkwił w błocie.

. . .

Niezadowolonemu uczniowi Mistrz powiedział:
– Nie wątp, albo Bóg usunie cię z pustelni. Tak wielu przychodzi tutaj w poszukiwaniu cudów. Ale mistrzowie nie pokazują mocy, jakich im Bóg udzielił, jeśli On nie każe im tak czynić. Większość ludzi nie rozumie, że największym ze wszystkich cudów, byłaby przemiana ich życia poprzez pokorne poddanie się Jego woli.

. . .

– Bóg przysłał cię tutaj w pewnym celu – powiedział Mistrz. – Czy działasz w harmonii z tym celem? Przyszedłeś na ziemię, żeby spełnić boską misję. Uświadom sobie, jak ogromnie jest to ważne! Nie pozwól, żeby ograniczone ego zablokowało osiągnięcie najwyższego celu.

. . .

Uczeń tłumaczył swój brak duchowego rozwoju trudnościami w pokonywaniu swoich wad. Dostrzegając intuicyjnie jakąś głębszą przyczynę, Paramahansadźi powiedział:
– Pan nie ma nic przeciwko twoim wadom, On ma problem z twoją obojętnością.

. . .

Kiedy Mistrz opuszczał Boston w 1923 roku, aby rozpocząć transkontynentalne tournée w celu rozpowszechnienia technik Self-Realization Fellowship, jeden z uczniów zauważył:

– Panie, będę czuł się bezradny bez twoich duchowych wskazówek.

– Nie polegaj na mnie. Polegaj na Bogu – odpowiedział Mistrz.

. . .

Pewnym uczniom z aśramu, którzy często odwiedzali w weekendy starych przyjaciół, Mistrz powiedział:

– Stajecie się niespokojni i tracicie czas. Przyszliście tutaj po urzeczywistnienie Boga, a teraz oszukujecie siebie, zapominając o waszym Celu. Po cóż szukać zewnętrznych rozrywek? Odnajdźcie Pana, a zobaczycie, czego wam brakowało!

. . .

Dwaj młodzi uczniowie w pustelni często spędzali czas w swoim towarzystwie. Mistrz powiedział im:

– Bycie przywiązanym do tylko jednej lub zaledwie paru osób, z wyłączeniem wszystkich innych, jest ograniczające. Takie postępowanie hamuje rozwój powszechnej solidarności. Powinniście poszerzać granice królestwa własnych uczuć. Rozprzestrzeniajcie wszędzie swoją miłość do Boga, który jest we wszystkim.

. . .

Spoglądając na gwiazdy pewnego wieczoru podczas przechadzki z grupą uczniów, Mistrz powiedział:

– Każdy z was zbudowany jest z wielu maleńkich gwiazdek, gwiazdek atomów! Gdyby wasza siła życiowa uwolniła się od ego, to stalibyście się świadomi całego wszechświata. Gdy wielcy wierni umierają, to czują jak ich świadomość przenika poprzez nieskończoną przestrzeń. Jest to piękne doświadczenie.

. . .

Do wiernych w Świątyni Self-Realization Fellowship w San Diego, Mistrz powiedział:

– Niech kościół przypomina wam o waszej własnej wewnętrznej katedrze, gdzie powinniście się udawać w środku nocy i o świcie. Tam możecie słuchać potężnych organów grających *Aum* i usłyszeć w niej kazanie boskiej mądrości.

.   .   .

Pewnego wieczoru podczas rozmowy z uczniami, Mistrz powiedział:

– Dobra materialne nic dla mnie nie znaczą, ale przyjaźń jest mi bardzo droga. W prawdziwej przyjaźni jesteśmy w stanie uchwycić w przelocie spojrzenie Przyjaciela wszystkich Przyjaciół. Po pauzie, mówił dalej: – Nigdy nie bądźcie fałszywi w stosunku do przyjaciela, nie zdradźcie nikogo. Czyniąc to, popełniacie jeden z największych grzechów wobec Boskiego Trybunału.

.   .   .

Paramahansadźi wyjeżdżał z Ośrodka na Górze Waszyngtona, by dać wykład, ale zatrzymał się na kilka minut, żeby porozmawiać z jednym z uczniów.

– To dobry pomysł, żeby prowadzić mentalny pamiętnik – powiedział Mistrz. – Każdej nocy, zanim pójdziesz spać, usiądź na chwilę, żeby dokonać przeglądu dnia. Przyjrzyj się, kim się stajesz. Czy podoba ci się przebieg twojego życia? Jeśli nie, to go zmień.

.   .   .

Mistrz otrzymał odbiornik telewizyjny. Ustawiono go w pokoju, gdzie mogli go oglądać wszyscy uczniowie. Chodzili oni tam tak często, że Mistrz powiedział im:

– Dopóki nie znaleźliście Boga, lepiej nie bądźcie zainte-resowani rozrywkami. Poszukiwanie rozrywek oznacza zapominanie o Nim. Najpierw nauczcie się Go kochać i poznawać. Wtenczas już nie będzie miało znaczenia, co robicie, bo On nigdy nie opuści waszych myśli.

. . .

– Uleganie radościom zmysłowym przynosi przesyt i od-razę – powiedział Mistrz. – Te ciągłe dwoiste doświadczenia czynią człowieka kapryśnym i nierzetelnym. *Maja*, czyli stan ułudy charakteryzuje się parami przeciwieństw. Poprzez medytację o Bogu, Wyłącznej Jedności, wierny pozbywa się z umysłu naprzemiennych fal przyjemności i bólu.

. . .

– Mistrzu, kiedy będę starszy i poznam bardziej życie, to porzucę wszystko i poszukam Boga. W chwili obecnej jest zbyt wiele rzeczy, które chcę poznać i doświadczyć – powiedział uczeń.

Po jego odejściu z pustelni Paramahansadźi zauważył:

– On nadal wierzy, że seks to miłość, a „rzeczy" to bogactwo. Stanie się on jak człowiek, którego porzuciła żona i którego dom spłonął. Rozmyślając nad swoimi stratami, człowiek ten decyduje się „porzucić wszystko". Na Bogu takie „wyrzeczenie" nie robi dużego wrażenia. Uczeń, który właśnie porzucił swoją praktykę tutaj, nie będzie chętny do „wyrzeczenia się wszystkiego" dopóty, dopóki nie pozostanie mu już nic materialnego do porzucenia!

. . .

– Myślenie o Bogu cały czas, wydaje się mało praktyczne – zauważył gość.

– Świat się z tobą zgadza – odpowiedział Mistrz – ale czy świat jest szczęśliwym miejscem? Prawdziwa radość umyka człowiekowi, który porzuca Boga, ponieważ On jest Samą Szczęśliwością. Na ziemi jego wierni żyją w wewnętrznym niebie pokoju; ale ci, którzy o Nim zapominają, spędzają swoje dni w stworzonym własnoręcznie piekle niepewności i rozczarowania. „Zaprzyjaźnienie" się z Panem to bycie prawdziwie praktycznym!

· · ·

Paramahansadźi poprosił pewnego ucznia, aby wykonał jakąś prace w samotni Self-Realization Fellowship na pustyni. Uczeń pojechał tam niechętnie, martwiąc się o obowiązki, które pozostawił w Ośrodku na Górze Waszyngtona.

– Powinieneś teraz zajmować się wyłącznie swoją nową pracą w pustynnej samotni – powiedział mu Mistrz. – Nie czuj przywiązania do niczego. Przyjmuj zmiany ze spokojem i wykonuj w duchu boskiej wolności wszelkie obowiązki, które pojawią się na twojej drodze. – Dodał jeszcze: – Gdyby Bóg powiedział mi dzisiaj: *Wracaj do domu!*, to nie oglądając się do tyłu pozostawiłbym wszystkie moje tutejsze zobowiązania: organizację, budynki, plany, ludzi, i szybko posłuchałbym Go. Kierowanie światem jest Jego odpowiedzialnością. On jest Wykonawcą, a nie ty czy ja[46].

· · ·

– Gurudźi – zapytał uczeń – gdybyś mógł cofnąć czas do momentu, kiedy twój Mistrz poprosił cię o podjęcie pracy organizacyjnej, to czy chętnie byś się na to zgodził, wiedząc to, co wiesz teraz o ciężarze odpowiedzialności za wiele innych osób?

[46] Patrz „ego" w słowniczku

– Tak, taka praca uczy bezinteresowności – odpowiedział Mistrz.

. . .

Stare jak świat pytanie, dlaczego Bóg zezwala na cierpienia, często było zadawane Mistrzowi. Odpowiadał na nie cierpliwie:

„Cierpienie spowodowane jest przez nadużywanie wolnej woli. Bóg dał nam zdolność zaakceptowania bądź odrzucenia Go. Nie chce On, żebyśmy napotykali nieszczęścia, ale nie będzie interweniował, kiedy wybieramy działania, które prowadzą do nieszczęść.

Ludzie nie słuchają mądrości świętych, ale spodziewają się, że niezwykłe okoliczności albo cud uratują ich, kiedy znajdą się w kłopotach. Pan może uczynić wszystko, ale On wie, że nie można kupić ludzkiej miłości i właściwego zachowania za pomocą cudów.

Bóg posłał nas jako Swoje dzieci i w tej boskiej roli musimy do Niego powrócić. Jedyna droga do ponownego spotkania prowadzi poprzez ćwiczenie własnej woli. Żadna inna siła na ziemi czy w niebie nie uczyni tego za ciebie. Ale kiedy wysyłasz prawdziwe duchowe wezwanie, to Bóg przysyła ci guru, żeby poprowadził cię z ogromu bólu do Jego domu wiecznej radości.

Pan obdarzył cię wolną wolą, a zatem nie może działać jak dyktator. Chociaż jest On Wszechmocny, to jednak nie może zaaranżować tego, że zostaniesz uwolniony od cierpienia, kiedy wybrałeś ścieżkę złych uczynków. Czy jest to właściwe spodziewać się, że usunie On twoje ciężary, jeśli twoje myśli i uczynki przeciwstawiają się Jego prawom? W przestrzeganiu Jego kodu etycznego, tego, który dał nam w dziesięciu przykazaniach, kryje się tajemnica szczęścia".

. . .

Paramahansadźi często przestrzegał swoich uczniów przed niebezpieczeństwem duchowego próżniactwa.

– Minuty są ważniejsze niż lata – powiadał. – Jeśli nie zapełnisz minut swojego życia myślami o Bogu, to przelecą lata; a kiedy będziecie Go potrzebowali najbardziej, to możecie nie być zdolni odczuwać Jego obecności. Ale jeśli zapełnicie minuty swojego życia boskimi aspiracjami, to automatycznie lata będą nimi przesycone.

.   .   .

W starożytnych Indiach określenie *guru* stosowało się jedynie do Chrystusowi-podobnych mistrzów zdolnych do przekazywania uczniom boskiego urzeczywistnienia. Kierując się biblijnymi nakazami, wierni stawali się otwartymi duchowo poprzez bezwarunkowe posłuszeństwo wobec treningu ustalonego przez ich świętego preceptora. Ludzie Zachodu często nie zgadzali się z takim dobrowolnym poddaniem osobistej wolności woli innej osoby, ale Mistrz powiedział:

– Kiedy odnajdzie się swojego guru, powinno się mu oddać bezwarunkowo, ponieważ jest on narzędziem Boga. Wyłącznym celem guru jest doprowadzenie ucznia do urzeczywistnienia Boga w sobie; miłość, jaką guru otrzymuje od wiernego, jest przekazywana przez guru Bogu. Kiedy duchowy preceptor odkrywa, że uczeń jest z nim zestrojony, to może uczyć go szybciej niż tego, który mu się opiera. – Dodał jeszcze:

– Ja nie jestem waszym przywódcą, ale waszym sługą. Ja jestem kurzem na waszych stopach. Widzę Boga, którego odzwierciedlacie i kłaniam się wam wszystkim. Pragnę powiedzieć wam jedynie o wielkiej radości, jaką w Nim odczuwam. Nie mam osobistych ambicji, ale mam największą ambicję dzielenia mojej duchowej radości ze wszystkimi ludźmi na ziemi.

.   .   .

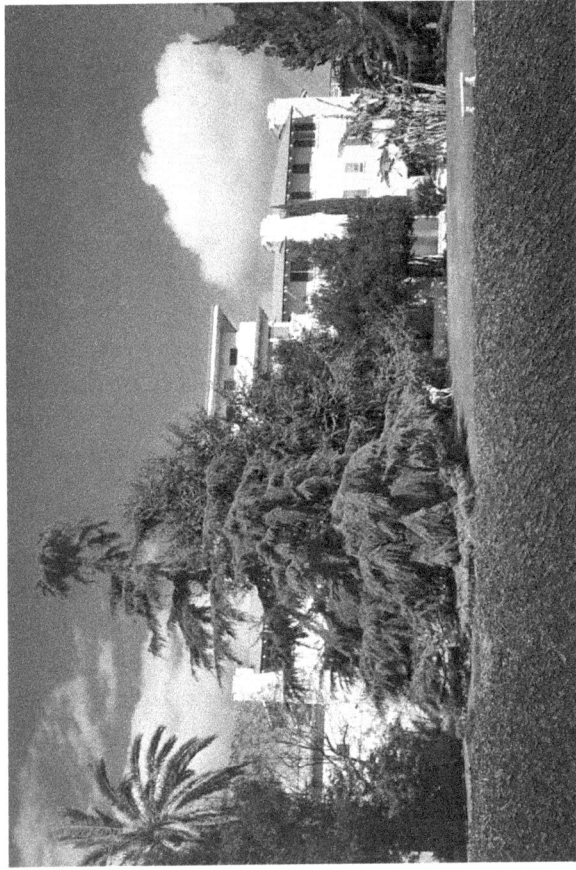

Międzynarodowa Główna Siedziba Self-Realization Fellowship/Yogoda Satsanga Society of India na Górze Waszyngtona, Los Angeles Kalifornia.

Podczas wykładu dla mieszkańców aśramu, Śri Jogananda powiedział:

– W życiu duchowym stajemy się jak małe dzieci, bez urazy, bez przywiązania, pełni życia i radości. Niechaj nic was nie rani ani nie burzy spokoju. Bądźcie cisi wewnętrznie, otwarci na Boski Głos. Spędzajcie wolne chwile na medytacji. Nigdy nie znałem żadnej ziemskiej przyjemności tak wielkiej, jak duchowa radość *krija-jogi*. Nie oddałbym jej za wszystkie wygody Zachodu czy złoto całego świata. Przekonałem się, że dzięki *krija-jodze* zawsze możliwe jest noszenie ze sobą szczęścia.

• • •

Mistrz odmalował wiele niezapomnianych słownych obrazów, żeby zilustrować jakieś zagadnienie duchowe.

– Życie wygląda tak – zauważył pewnego razu. – Przygotowaliście obiad na pikniku, a tu nagle przychodzi niedźwiedź, przewraca stół, a wy jesteście zmuszeni uciekać. Ludzie prowadzą swoje życie w następujący sposób: pracują dla osiągnięcia pewnej radości i bezpieczeństwa; wówczas przychodzi niedźwiedź choroby, ich serce się zatrzymuje i już ich nie ma. Po cóż żyć w takim stanie niepewności? Rzeczy nieważne w waszym życiu zajęły pierwsze miejsce. Pozwalacie, żeby różne działania zajmowały wam czas i was zniewalały. Ile lat minęło w ten sposób? Czemu pozwalać, żeby pozostała część waszego życia zleciała bez duchowego rozwoju? Jeśli już dzisiaj postanowicie, że nie pozwolicie, aby przeszkody powstrzymały was od tego, to otrzymacie moc, żeby je pokonać.

• • •

– Leń nigdy nie odnajdzie Boga – powiedział Mistrz. – Próżniaczy umysł staje się warsztatem diabła. Widziałem wielu *sannjasinów* [mnichów], którzy porzucili pracę i stali się niczym więcej jak żebrakami. Ale osoby, które zarabiają na życie bez jakiegokolwiek pragnienia owoców swojego działania, pragnąc jedynie Pana, to prawdziwi wyrzeczeńcy. Bardzo trudno jest praktykować takie wyrzeczenie, ale kiedy tak bardzo kochacie Boga, że wszystko, co robicie jest w celu, aby Go zadowolić, to jesteście wolni. – Po czym dodał: – Myśląc, że pracujsz jedynie dla Boga, twoja miłość staje się tak wielka, że nie masz w głowie innej myśli, żadnego innego celu, jak tylko służyć Mu i adorować Go.

· · ·

– Dostrzegajcie Boga na ołtarzu z gwiazd, na ziemi i w pulsowaniu waszych uczuć – powiedział Mistrz. – On, porzucona Rzeczywistość, skrywa się wszędzie. Jeśli będziecie wytrwale kierowali się duchową ścieżką i regularnie medytowali, to ujrzycie Go w złotej szacie ze światła, które rozprzestrzenia się poprzez wieczność. W każdej myśli będziecie odczuwali jego niebiańską obecność. – Następnie dodał: – Bóg nie jest tylko po to, żeby o nim mówić. Wielu o nim mówiło; wielu się na Jego temat zastanawiało; wielu o Nim czytało. Ale niewielu zasmakowało Jego radości. Jedynie ci nieliczni Go znają. A kiedy Go znasz, to już więcej nie stoisz z boku i Go czcisz; jesteś w jedności z Nim. Wówczas, tak jak powiedział Jezus i wszyscy inni mistrzowie, wy także możecie powiedzieć: „Ja i Mój Ojciec jedno jesteśmy".

· · ·

– Dzięki nurkowaniu w głębiny duchowego oka [47] – powiedział Mistrz – będziecie mogli zajrzeć w czwarty wymiar [48], jarzący się cudami świata wewnętrznego. Dostać się tam jest trudno, ale jakże jest on piękny! Nie zadowalajcie się odrobiną spokoju zrodzoną w medytacji, ale żądajcie raz za razem Jego szczęśliwości. W dzień i w nocy, kiedy inni śpią, albo trawią swoją energię na zaspokojenie pragnień, powinniście szeptać: „Mój Panie, Mój Panie, Mój Panie!". A z czasem przebije się On przez ciemności i poznacie Go. Świat ten to brzydkie miejsce w porównaniu z pięknym królestwem Ducha. Usuńcie za pomocą determinacji, oddania i wiary, przeszkody na drodze do boskiego wglądu.

. . .

– W czasie Bożego Narodzenia, w powietrzu znajdują się silne wibracje Chrystusowej Świadomości – powiedział Mistrz. – Ci, którzy dzięki swojemu oddaniu i głębokiej naukowej medytacji synchronizują się z nimi, otrzymają boskie wibracje. Największe duchowe znaczenie dla każdego człowieka, bez względu na jego religię, ma to, żeby doświadczył w sobie tego «narodzenia» uniwersalnego Chrystusa. Kosmos jest Jego ciałem. Wszędzie w nim obecna jest Chrystusowa Świadomość. Kiedy potrafisz zamknąć oczy i w medytacji rozszerzać swoją świadomość dotąd, aż poczujesz cały wszechświat, tak jak czujesz swoje ciało, wówczas Chrystus może być zrodzony wewnątrz ciebie. Wszystkie chmury niewiedzy ulegają rozproszeniu, kiedy postrzegacie poza ciemnością zamkniętych oczu boskie kosmiczne światło. Chrystusa należy czcić w prawdzie: po pierwsze w duchu, w medytacji; po drugie w formie, poprzez

[47] Patrz słowniczek
[48] Patrz „światy astralne" w słowniczku

postrzeganie jego obecności nawet w świecie materialnym. Powinniście medytować nad prawdziwym znaczeniem nadejścia Chrystusa i odczuwać, jak jego świadomość przyciągana jest wewnątrz was, przez magnes oddania. Taki jest prawdziwy cel Bożego Narodzenia.

• • •

Równowaga jest kluczowym słowem w naukach Paramahansy. Często mawiał on: „Jeśli będziecie głęboko praktykowali medytację, to wasz umysł będzie coraz intensywniej kierował się ku Bogu. Jednakowoż, nie wolno wam zaniedbywać waszych obowiązków w świecie. Kiedy nauczycie się wykonywać wszystkie swoje zadania ze spokojnym umysłem, to będziecie mogli działać znacznie szybciej, z większą koncentracja i wydajnością. Wówczas przekonacie się, że bez względu na to, co robicie, wasze działania będą nasycone boską świadomością. Stan ten przychodzi tylko wtedy, gdy medytowaliście głęboko i zdyscyplinowaliście swój umysł, aby powracał do Boga, z chwilą kiedy kończycie swoje obowiązki, i dzięki wykonywaniu ich z myślą, że służycie jedynie Jemu samemu".

• • •

– Skrucha nie oznacza jedynie żałowania, że popełniliśmy coś złego, ale również powstrzymywanie się od dokonywania ponownie tego samego uczynku – powiedział Mistrz. – Kiedy prawdziwie żałujecie, to decydujecie się porzucić zło. Serce jest często bardzo twarde; niełatwo je poruszyć. Zmiękczajcie je modlitwą. Wówczas przyjdzie boskie błogosławieństwo.

• • •

– Kierujcie się mądrością – powiedział Mistrz. – Złe uczynki z przeszłości pozostawiły nasiona w waszych umysłach. Jeśli za pomocą ognia mądrości podpalicie nasiona, to „upieką się", i staną się nieskuteczne. Nie uda wam się osiągnąć wyzwolenia, dopóki nie spalicie nasion uczynków z przeszłości w ogniu mądrości i medytacji. Jeśli chcecie zniszczyć złe skutki przeszłych działań, medytujcie. To, co się stało, to się odstanie. Jeśli nie rozwijacie się duchowo, to na przekór wszelkim problemom, musicie wciąż podejmować próby. Gdy wasze obecne wysiłki staną się silniejsze, niż karma uczynków z przeszłości, wtedy będziecie wolni.

* * *

Podczas wykładu Paramahansadźi powiedział:

– Chrystus kazał każdemu z nas „kochać bliźniego swego jak siebie samego". Ale bez duchowej wiedzy, dzięki której uświadamiasz sobie, że tak naprawdę wszyscy ludzie są „tobą samym", nie będziesz mógł wypełniać Chrystusowego przykazania. Dla mnie, nie ma różnicy pomiędzy ludźmi, ponieważ widzę w każdym boże dziecko. Nie potrafię myśleć o nikim, jak o obcym. Pewnego razu w Nowym Jorku otoczyło mnie trzech bandytów. Powiedziałem: „Chcecie moich pieniędzy? Weźcie je". I wyciągnąłem mój portfel. Byłem w stanie nad świadomości. Mężczyźni nie sięgnęli po portfel. W końcu jeden z nich powiedział: „Przepraszamy pana. Nie możemy tego zrobić". Następnie uciekli. Innego wieczoru w Nowym Jorku, w pobliżu Carnegie Hall, gdzie właśnie wygłosiłem wykład, podszedł do mnie mężczyzna z pistoletem. Powiedział: „Czy wiesz, że mogę cię zastrzelić?". „Dlaczego?", spytałem spokojnie. Moje myśli skupiały się na Bogu. „Mówisz o demokracji". Najwyraźniej była to psychicznie niezrównoważona osoba. Staliśmy przez chwilę w ciszy, po czym on powiedział: „Wybacz mi. Zdjąłeś ze mnie moje zło". Pobiegł przed siebie ulicą szybko

jak jeleń. Ci, którzy są zestrojeni z Bogiem, potrafią zmieniać
ludzkie serca.

. . .

– Utrzymywanie, że świat jest snem, nie starając się osiągnąć w medytacji faktycznego urzeczywistnienia tej prawdy,
może prowadzić do fanatyzmu – powiedział Mistrz. – Mędrzec
rozumie, że nawet jeśli życie doczesne jest snem, to zawiera
ono wyśnione cierpienia. Stosuje on naukową metodę, żeby
przebudzić się ze snu.

. . .

Gdy na nowo dekorowano kaplicę w głównej siedzibie
Self-Realization Felloeship, jeden z uczniów zasugerował, żeby
lampa w niszy sanktuarium zwana „wieczną świecą", została
zapalona przez Mistrza.
    – Chciałbym odczuć, że lampa oddania Bogu, którą zapa-
liłem w waszych sercach jest wieczna. Żadne inne światło nie
jest konieczne – powiedział Paramahansadźi.

. . .

W roku 1951 Paramahansadźi czynił częste aluzje, że nie
pozostało mu już wiele dni na ziemi.
    – Panie – zapytał zasmucony uczeń – czy wówczas, kiedy
już nie będziemy ciebie widzieli, będziesz tak samo blisko jak
jesteś teraz?
    Mistrz uśmiechnął się czule i powiedział:
    – Dla tych, którzy myślą, że jestem blisko, będę blisko.

PARAMAHANSA JOGANANDA: JOGIN W ŻYCIU I ŚMIERCI

Paramahansa Jogananda wszedł w maha*samadhi* (stan, w którym jogin w pełni świadomości ostatecznie opuszcza ciało) w dniu 7 marca 1952 roku w Los Angeles w Kalifornii, po wygłoszeniu przemówienia na bankiecie wydanym na cześć Jego Ekscelencji Binaja R. Sena, ambasadora Indii.

Wielki światowy nauczyciel dowiódł wartości jogi (naukowych metod urzeczywistnienia Boga) nie tylko w życiu, ale także i w śmierci. Przez wiele tygodni po tym jak odszedł, jego niezmieniona twarz świeciła nieulegającym zepsuciu boskim blaskiem.

Harry T. Rowe, dyrektor kostnicy na terenie Forrest Lawn Memorial Park, (gdzie ciało wielkiego mistrza zostało tymczasowo umieszczone), wysłał do Self-Realization Fellowship uwierzytelniony notarialnie list, z którego cytujemy następujące wyjątki:

„Brak jakichkolwiek widocznych oznak rozkładu na ciele Paramahansy Joganandy jest najbardziej niezwykłym przypadkiem w naszym doświadczeniu [...]. Żaden fizyczny rozkład nie był zauważalny na jego ciele nawet dwadzieścia dni po śmierci [...]. Żadne objawy pleśni nie pojawiły się na skórze, ani żadne dostrzegalne odwodnienie (wysuszanie) nie miało miejsca w tkankach ciała. Ów stan doskonałego zachowania ciała, jak na to wskazują rejestry naszej kostnicy, nie miał nigdy dotąd miejsca [...]. Od chwili przyjęcia ciała Joganandy personel kostnicy spodziewał się, że zaobserwuje poprzez szklane wieko trumny, zwykłe oznaki cielesnego rozkładu. Nasze zdumienie wzrastało, kiedy dzień za dniem nie przynosił żadnych widzialnych zmian w obserwowanym ciele. Ciało Joganandy pozostawało w fenomenalnym stanie niezmienności [...].

Żaden odór rozkładu nie wydzielał się z jego ciała w jakimkolwiek momencie [...]. Fizyczny wygląd Joganandy w dniu 27 marca, tuż przed zakryciem trumny wiekiem z brązu, był taki sam jak w dniu 7 marca. Wyglądał w dniu 27 marca tak samo świeżo i nietknięty przez rozkład, jak wyglądał w dniu swojej śmierci. W dniu 27 marca nie było w ogóle żadnego powodu, aby powiedzieć, że jego ciało zostało dotknięte przez jakikolwiek dostrzegalny rozkład. Z powyższych powodów ponownie oświadczamy, że przypadek Paramahansy Joganandy jest w naszym doświadczeniu unikalny".

CELE I IDEAŁY
Self-Realization Fellowship

Wytyczone przez Paramahansę Joganandę (założyciela)
i Śri Mrinalini Matę (przewodniczącą)

Szerzenie pośród narodów wiedzy o istnieniu określonych, naukowych technik, prowadzących do bezpośredniego, osobistego doświadczania Boga.

Nauczanie, że celem życia człowieka jest ewolucyjna przemiana ograniczonej, śmiertelnej świadomości ludzkiej w Świadomość Bożą. Przemiany tej człowiek dokonuje własnym wysiłkiem. Dlatego należy budować na całym świecie świątynie Self-Realization Fellowship, w których człowiek może obcować z Bogiem, oraz zachęcać do zakładania prywatnych świątyń Boga w domach i sercach ludzkich.

Ukazywanie całkowitej zgodności i podstawowej jedności nauk pierwotnego chrześcijaństwa, które głosił Jezus Chrystus, i oryginalnej jogi, nauczanej przez Bhagawana Krysznę. Pokazywanie, że zawarta w nich prawda jest wspólną, naukową podstawą wszystkich prawdziwych religii.

Wskazywanie jednej drogi do Boga, do której ostatecznie prowadzą wszystkie ścieżki prawdziwych religii: drogi codziennej, pełnej oddania medytacji o Bogu, opartej na naukowych podstawach.

Wyzwolenie człowieka z trojakiego cierpienia: chorób ciała, zaburzeń równowagi psychicznej i niewiedzy duchowej.

Zachęcanie do „prostego życia i wzniosłego myślenia". Szerzenie wśród wszystkich ludzi ducha braterstwa poprzez nauczanie o wiecznej podstawie ich jedności: pokrewieństwie w Bogu.

Ukazywanie władzy umysłu nad ciałem, duszy nad umysłem.

Przezwyciężanie zła dobrem, smutku radością, okrucieństwa dobrocią, niewiedzy mądrością.

Zjednoczenie nauki i religii dzięki zrozumieniu jedności ich podstawowych zasad.

Propagowanie kulturowego i duchowego zrozumienia między Wschodem a Zachodem i wymiany najlepszych, specyficznych dla nich wartości.

Służenie ludzkości jako większej własnej Jaźni.

Książki Paramahansy Joganandy w języku polskim

Do nabycia w księgarniach lub bezpośrednio od wydawcy
Self-Realization Fellowship
www.yogananda-srf.org

Autobiografia jogina

Jak można rozmawiać z Bogiem

Naukowy aspekt religii

Medytacje metafizyczne

Spokój wewnętrzny

Jak odnieść zwycięstwo w życiu

Żyć nieustraszenie

Mądrości Paramahansy Joganandy

KSIĄŻKI PARAMAHANSY JOGANANDY
W JĘZYKU ANGIELSKIM

Do nabycia w księgarniach lub bezpośrednio od wydawcy
Self-Realization Fellowship
3880 San Rafael Avenue • Los Angeles, California 90065-3219
Tel (323) 225-2471 • Fax (323) 225-5088
www.yogananda-srf.org

Autobiography of a Yogi

The Second Coming of Christ:
The Resurrection of the Christ Within You
Odkrywczy komentarz do oryginalnych nauk Jezusa

God Talks with Arjuna; The Bhagavad Gita
Nowy przekład wraz z komentarzem.

Man's Eternal Quest
Wybór odczytów i pogadanek Paramahansy Joganandy. Tom I

The Divine Romance
Wybór odczytów, pogadanek i esejów Paramahansy Joganandy. Tom II

Journey to Self-realization
Wybór odczytów i pogadanek Paramahansy Joganandy. Tom III

Wine of the Mystic:
The Rubaiyat of Omar Khayyam — A Spiritual Interpretation
Natchniony komentarz, który wydobywa na jaw mistyczną naukę komunii z Bogiem, skrytą w zagadkowych obrazach poetyckich Rubajatów

Where There Is Light:
Insight and Inspiration for Meeting Life's Challenges

Whispers from Eternity
Zbiór modlitw i opisy przeżyć duchowych, jakich Paramahansa Jogananda doznał w głębokiej medytacji.

The Science of Religion

The Yoga of the Bhagavad Gita:
An Introduction to India's Universal Science of God-Realization

The Yoga of Jesus:
Understanding the Hidden Teachings of the Gospels

In the Sanctuary of the Soul:
A Guide to Effective Prayer

Inner Peace:
How to Be Calmly Active and Actively Calm

To Be Victorious in Life

Why God Permits Evil and How to Rise Above It

Living Fearlessly:
Bringing Out Your Inner Soul Strength

How You Can Talk With God

Metaphysical Meditations
Zbiór ponad trzystu medytacji, modlitw i afirmacji.

Scientific Healing Affirmations
Paramahansa Jogananda gruntownie wyjaśnia naukę afirmacji.

Sayings of Paramahansa Jogananda
Zbiór powiedzeń i mądrych wskazówek Paramahansy Joganandy. Są to odpowiedzi, jakich szczerze i z miłością udzielił tym, którzy przyszli do niego po radę.

Songs of the Soul
Mistyczne poezje Paramahansy Joganandy.

The Law of Success
Wyjaśnia dynamiczne zasady rządzące osiąganiem celów w życiu.

Cosmic Chants
Śpiewnik zawierający słowa i nuty 60 pieśni religijnych, ze wstępem, w którym Autor wyjaśnia, jak śpiew duchowy może doprowadzić do komunii z Bogiem.

Nagrania audio Paramahansy Joganandy

Beholding the One in All

The Great Light of God

Songs of My Heart

To Make Heaven on Earth

Removing All Sorrow and Suffering

Follow the Path of Christ, Krishna, and the Masters

Awake in the Cosmic Dream

Be a Smile Millionaire

One Life Versus Reincarnation

In the Glory of the Spirit

Self-Realization: The Inner and the Outer Path

LEKCJE SELF-REALIZATION FELLOWSHIP

Naukowe techniki medytacji rozpowszechniane przez Paramahansę Joganandę, łącznie z *krija-jogą* – jak również jego przewodnik na temat wszystkich aspektów zrównoważonego życia duchowego – zawarte zostały w *Lekcjach Self-Realization Fellowship*. Więcej informacji można uzyskać po zwróceniu się z prośbą o przesłanie bezpłatnej broszury "Undreamed-of Possibilities" dostępnej w języku angielskim, hiszpańskim i niemieckim.

SŁOWNICZEK

Aum lub Om: Podstawa wszystkich dźwięków; uniwersalny symbol-
-słowo oznaczające Boga. *Aum* hinduskich Wed stało się świętym
Hum Tybetańczyków, *Amin* muzułmanów i *Amen* Egipcjan, Greków,
Rzymian, Żydów i Chrześcijan. *Amen* po hebrajsku znaczy *pewny, wierny*. Aum to przenikający wszystko dźwięk emanujący z Ducha Świętego
(Niewidzialnej Kosmicznej Wibracji; Boga w Jego aspekcie Stwórcy). To
biblijne „Słowo"; głos stworzenia, zaświadczający o Boskiej Obecności
w każdym atomie. *Aum* można usłyszeć podczas praktykowania metod
medytacji Self-Realization Fellowship.

„To mówi *Amen,* świadek wierny i prawdomówny, początek stworzenia
Bożego" — Apokalipsa 3:14. „Na początku było Słowo, a Słowo było u Boga,
i Bogiem było Słowo. Ono było na początku u Boga. Wszystko przez nie się
stało, a bez Niego nic się nie stało, [z tego], co się stało". – Jan 1:1-3.

Babadźi: Guru Lahiri Mahaśaji (guru Swami Śri Jukteśwara, który z kolei
był guru Paramahansy Joganandy). Babadźi jest nieśmiertelnym awata-
rem, mieszkającym w ukryciu w Himalajach. Posiada tytuł *Mahawatar,*
czyli „Boskie wcielenie". Migawki z jego Chrystusowego życia przedsta-
wione są przez Paramahansę Joganandę w *Autobiografii jogina.*

Bhagawadgita („Pieśń Pana"): Hinduska Biblia: Święte mądrości Lorda
Kryszny spisane przed tysiącami lat przez mędrca Wjasę. Zobacz *Kryszna.*

Boska Matka: „O tym aspekcie Niestworzonej Nieskończoności, który
jest aktywny w stworzeniu, hinduskie pisma święte mówią jako o Boskiej
Matce", pisał Paramahansadźi. „Jest to ten uosobiony aspekt Absolutu,
o którym można powiedzieć, że posiada tęsknotę za właściwym zacho-
waniem Jego dzieci, i który odpowiada na ich modlitwy. Ludzie, którzy
wyobrażają sobie, że Bezosobowość nie może zamanifestować się w formie osobowej, w efekcie zaprzeczają jej wszechmocy oraz możliwości
obcowania człowieka ze swoim Stwórcą. Pan w formie Kosmicznej Matki
pojawia się w żywej, namacalnej formie przed prawdziwymi *bhaktami*
(wiernymi Osobowego Boga).

Pan objawia Siebie przed świętymi w takiej formie, która jest im
najbliższa. Żarliwy Chrześcijanin widzi Jezusa; Hindus ogląda Krysznę

albo boginię Kali, lub rozszerzające się światło, jeśli jego oddawanie czci przybiera formę bezosobową".

Chrystusowa świadomość: Świadomość Ducha, jako immanentnego w każdym atomie, wibracyjnego stworzenia.

Duch Święty: Patrz *Aum*

Duchowe oko: „Pojedyncze" oko mądrości, praniczne gwiezdne drzwi, przez które człowiek musi wejść, aby osiągnąć świadomość kosmiczną. Metody wchodzenia poprzez święte drzwi uczą się członkowie Self-Realization Fellowship. „Ja jestem bramą. Jeśli ktoś wejdzie przeze Mnie będzie zbawiony – wejdzie i wyjdzie, i znajdzie pastwisko" – Jan 10:9. „Lampą ciała jest twoje oko. Jeśli twoje oko jest zdrowe (pojedyncze), to całe twoje ciało będzie rozświetlone. [...] Bacz więc, czy światło, które jest w tobie, nie jest ciemnością" – Łukasz 11:34-35.

Dźi: Przyrostek oznaczający szacunek, który często dodaje się do nazwisk w Indiach. Czasami więc Paramahansa Jogananda nazywany jest w tej książce Paramahansadźi, albo Joganandadźi.

Ego: Zasada ego, *ahamkara* (dosłownie: „ja czynię"), jest podstawową przyczyną dwoistości, czyli pozornego rozdzielenia pomiędzy człowiekiem i jego Stwórcą. *Ahamkara* sprowadza człowieka pod kontrolę *maji*, przez co podmiot (ego) fałszywie pojawia się jako przedmiot; stworzenia wyobrażają sobie, że są stwórcami. Pozbywając się świadomości ego, człowiek budzi się w swojej boskiej tożsamości, swojej jedności z wyłącznym Życiem, Bogiem.

Guru: duchowy preceptor, który zapoznaje ucznia z Bogiem. Termin „guru" różni się od „nauczyciela", jako że osoba może mieć wielu nauczycieli, ale tylko jednego guru.

Intuicja: „Szósty zmysł"; chwytanie wiedzy wywodzącej się bezpośrednio i spontanicznie z duszy, a nie z zawodnego pośrednictwa zmysłów czy rozumu.

Joga: Dosłownie „zjednoczenie" człowieka z jego Stwórcą poprzez stosowanie naukowych technik prowadzących do urzeczywistnienia Jaźni. Trzy główne ścieżki to: *dźnana-joga* (mądrość), *bhakti-joga* (oddanie) oraz *radża-joga* („królewska", czyli naukowa ścieżka, która zawiera techniki *krija-jogi*). Najstarszym tekstem, jaki ocalał na temat świętej nauki są *Joga Sutry* Patańdźalego, których data pochodzenia jest nieznana, chociaż niektórzy uczeni określają je na drugi wiek p.n.e.

Jogin: Ten, kto praktykuje jogę. Nie musi to być osoba przebywająca w zakonie; jogin skupia się wyłącznie i wiernie na codziennej praktyce naukowych technik prowadzących do urzeczywistnienia Boga w sobie.

Jogananda: Monastyczne nazwisko Jogananda jest kombinacją dwóch słów i oznacza „szczęśliwość (*ananda*) poprzez boskie zjednoczenie (*joga*).

Kali: Mitologiczna hinduska bogini, przedstawiana jako kobieta z czterema rękami. Jedna ręka symbolizuje kreatywne moce Natury; druga ręka reprezentuje kosmiczne funkcje zachowawcze; ręka trzecia jest symbolem oczyszczających sił rozkładu; czwarta ręka Kali jest wyciągnięta w geście błogosławieństwa i zbawienia. Tymi środkami wzywa Ona całe stworzenie z powrotem do jego Boskiego Źródła. Bogini Kali jest symbolem lub aspektem Boskiej Matki.

Karma: Równoważące prawo karmy, tak jak je objaśniono w hinduskich pismach świętych, to prawo akcji i reakcji, przyczyny i skutku, siania i zbierania. Z biegiem naturalnej prawości, każdy człowiek, poprzez swoje myśli i działania, staje się kreatorem swojego przeznaczenia. Takie energie, jakie on sam, mądrze lub niemądrze wprowadził w ruch, muszą powrócić do niego, jako ich punktu wyjściowego, podobnie jak krąg, który nieodwołalnie się zamyka. „Świat wygląda jak równanie matematyczne, które bez względu na to jak je przekształcimy, samo się bilansuje. Każda tajemnica zostaje wyjawiona, każda zbrodnia ukarana, każda cnota nagrodzona, każde zło naprawione, w ciszy i w pewności" (Emerson, *Kompensacja*). Pojmowanie karmy jako prawa sprawiedliwości służy wyzwoleniu ludzkiego umysłu od urazy wobec Boga i człowieka. *Patrz reinkarnacja.*

Kosmiczna świadomość: Świadomość Ducha jako transcendentnego ponad skończonym stworzeniem.

Krija-joga: Starożytna nauka rozwinięta w Indiach na użytek poszukiwaczy Boga. Jej technika jest wzmiankowana i wychwalana przez Krysznę w Bhagawadgicie i przez Patańdźalego w *Joga Sutrach.* Tej wyzwalającej nauki, która prowadzi praktykującego do osiągnięcia świadomości kosmicznej, uczą się członkowie Self-Realization Fellowship.

Kryszna: Awatar, który żył w Indiach na trzy tysiąclecia przed Chrystusem, i którego boskie rady w Bhagawadgicie są czczone przez niezliczonych poszukiwaczy Boga. W młodości był on pasterzem, który czarował swoich towarzyszy muzyką fletu. Alegorycznie Lord Kryszna reprezentuje duszę grającą na flecie medytacji, by pokierować wszystkie zbłąkane myśli z powrotem do owczarni wszechwiedzy.

Lahiri Mahaśaja (1828-1895): Guru Śri Jukteśwara, i uczeń Babadźiego, Lahiri Mahaśaja reaktywował starożytną, niemalże utraconą naukę jogi, nadając nazwę *krija-joga* praktycznym technikom. Był on podobnym Chrystusowi nauczycielem posiadającym cudowne moce; był on również pracującym ojcem rodziny. Jego misja polegała na rozpowszechnieniu jogi odpowiedniej dla współczesnego człowieka, w której medytacja jest równoważona przez właściwe wykonywanie ziemskich obowiązków. Lahiri Mahaśaja był *Jogawatarem*, czyli „Wcieleniem Jogi".

Lekcje SRF: Kompilacja nauk Paramahansy Joganandy, wysyłana co dwa tygodnie do członków i studentów Self-Realization Fellowship.

Maja: Kosmiczna ułuda; dosłownie „mierniczy". *Maja,* magiczna moc w stworzeniu, wskutek której ograniczenia i podziały są pozornie obecne w Niezmierzonym i Niepodzielnym.

W *Autobiografii jogina* Śri Jogananda pisał:

„Nie powinniśmy sobie wyobrażać, że prawda o *maji* była zrozumiała jedynie dla *ryszich* (hinduskich mędrców). Starotestamentowi prorocy nazywali *maję* imieniem Szatan (po hebrajsku dosł. «przeciwnik», «adwersarz»). Szatan czyli *maja* to Kosmiczny Czarownik, który wytwarza wielorakość form, aby ukryć Jedną Bezpostaciową Prawdę. Wyłącznym celem Szatana jest odwrócenie człowieka od Ducha ku materii. Chrystus obrazowo opisał *maję* jako diabła, mordercę i kłamcę. „Wy macie diabła za ojca. […] Od początku był on zabójcą i nie wytrwał w prawdzie, bo prawdy w nim nie ma. Kiedy mówi kłamstwo, od siebie mówi, bo jest kłamcą i ojcem kłamstwa" (Jan 8:44).

Nirbikalpa samadhi: najwyższy nieodwołalny stan zjednoczenia z Bogiem. Pierwszy wstępny stan (charakteryzujący się transem, znieruchomieniem ciała) nazywa się *sabikalpa samadhi.*

Oddech: „Oddech łączy człowieka ze stworzeniem", pisał Joganandadźi. Napływ niezliczonych kosmicznych prądów do człowieka, poprzez oddech, wywołuje w jego umyśle niepokój. Aby uciec od nieustannego napływu zjawiskowych światów i aby wkroczyć w nieskończoność Ducha, jogin uczy się wyciszać oddech poprzez naukową medytację.

Ośrodek na Górze Waszyngtona: Międzynarodowa Siedziba Główna Self-Realization Fellowship/Yogoda Satsanga Society of India założona w 1925 roku w Los Angeles przez Paramahansę Joganandę. Miejsce na szczycie wzgórza, z widokiem na centrum Los Angeles, o powierzchni osiemnastu i pół akra. W głównym budynku administracyjnym (patrz zdjęcie na stronie 94) pokoje Gurudewy Paramahansy Joganandy traktowane są jak świątynia.

Mądrości Paramahansy Joganandy

Z siedziby głównej Self-Realization Fellowship rozsyła do swoich członków nauki Paramahansy w formie drukowanych lekcji oraz wydaje inne jego pisma i wykłady w postaci licznych książek i kwartalnika, _Self-Realization._

Paramahansa: Religijny tytuł, oznaczający kogoś, kto jest panem samego siebie. Jest on nadawany uczniowi przez jego guru. _Paramahansa_ dosłownie oznacza „najwyższy łabędź". W hinduskich pismach świętych łabędź opisany jest jako symbol duchowego rozróżnienia.

Reinkarnacja: doktryna objaśniona w hinduskich pismach świętych, która mówi, że człowiek raz za razem odradza się na tej ziemi. Cykl reinkarnacji ustaje, kiedy człowiek świadomie odzyskuje swój status, jako syn Boży. „Zwycięzcę uczynię filarem w świątyni Boga mojego i już nie wyjdzie na zewnątrz". – Apokalipsa 3:12. Zrozumienie prawa karmy i jego następstwa, reinkarnacji, jest wyraźne w wielu ustępach biblijnych.

Wczesny kościół chrześcijański przyjął doktrynę reinkarnacji, która była wykładana przez gnostyków oraz licznych ojców Kościoła, wliczając w to Klemensa z Aleksandrii, słynnego Orygenesa oraz żyjącego w V wieku Św. Hieronima. Teoria po raz pierwszy została ogłoszona herezją w 553 roku przez Drugi Synod w Konstantynopolu. W tym czasie wielu Chrześcijan myślało, że doktryna reinkarnacji dawała ludziom zbyt wiele czasu, żeby chcieli starać się o zbawienie. Obecnie wielu zachodnich myślicieli akceptuje teorię karmy i reinkarnacji widząc w nich prawa sprawiedliwości, które kryją się za pozornymi nierównościami życia. Patrz _karma._

Sadhu: Ten, kto, podąża według zasad _sadhany_, czyli ścieżką duchowej dyscypliny; asceta.

Samadhi: Nadświadomość. _Samadhi_ można osiągnąć kierując się ośmioraką ścieżką jogi, w której _samadhi_ jest ósmym krokiem, czyli ostatecznym celem. Naukowa medytacja – właściwe użycie technik jogi rozwiniętych w starożytności przez indyjskich mędrców – prowadzi wiernego do _samadhi,_ czyli do urzeczywistnienia Boga. Podobnie jak fala roztapia się w morzu, tak i ludzka dusza urzeczywistnia siebie jako wszechobecnego Ducha.

Sat-Tat-Aum: Ojciec, Syn i Duch Święty; czyli Bóg, jako transcendencja lub _nirguna_, „bez cech" – Kosmiczna Świadomość w niebiańskiej pustce poza światami zjawiskowymi; Bóg jako Świadomość Chrystusowa, immanentna w stworzeniu; i Bóg jako _Aum_, Boska Twórcza Wibracja.

Self-Realization Fellowship (SRF): Niedochodowa, niesekciarska, religijna i edukacyjna organizacja założona w Ameryce w 1920 roku przez Paramahansę Joganandę. Jej filią w Indiach jest Yogoda Satsanga Society (YSS), założona w 1917 r. przez Paramahansę Joganandę.

Swami: członek najstarszego indyjskiego zakonu monastycznego, zreorganizowanego w ósmym wieku przez Swamiego Śankaraćarję. Swami składa formalne śluby celibatu i wyrzeczenia się ziemskich ambicji; poświęca się on medytacji i służbie dla ludzkości. Istnieje dziesięć wyróżniających tytułów dla zakonu Swamich, jak *Giri, Puri, Bharati, Tirtha, Saraswati* i inne. Swami Śri Jukteśwar i Paramahansa Jogananda należeli do odgałęzienia *Giri* ("góra").

Śri Jukteśwar (1855-1936): Wielki guru Paramahansy Joganandy, który nazwał swojego nauczyciela *Dźnanawatar*, czyli "Wcielenie Mądrości".

Światy astralne: Cudowne królestwo światła i radości, do którego idą osoby z pewnym zasobem duchowego zrozumienia, w celu dalszego rozwoju po śmierci. Jeszcze wyższa jest sfera przyczynowa, czyli sfera idei. Światy te opisane są w 43 rozdziale *Autobiografii jogina*.

Ułuda: Patrz *maja*

Wedy: Cztery biblijne teksty Hindusów: *Rygweda, Samaweda, Jadźurweda, i Atharwaweda*. Są one w istocie literaturą zawierającą śpiewy i recytacje. Pośród ogromnej liczby tekstów indyjskich, Wedy (z sanskryckiego rdzenia *wid*, "wiedzieć") są jedynymi pismami, których autor jest nieznany. *Rygweda* przypisuje hymnom niebiańskie pochodzenie i mówi nam, że pochodzą one z "czasów starożytnych", przybrane w nowy język. Z epoki na epokę w boski sposób objawiane są *ryszim*, "wieszczom". Mówi się, że Wedy posiadają *nitjatwę*, "wieczną trwałość".

Zakon Self-Realization Fellowship: Monastyczny zakon Self-Realization Fellowship założony przez Paramahansę Joganandę. Po odbyciu stosownego okresu ćwiczeń, uprawnieni wierni mogą zostać mnichami i mniszkami Zakonu. Składają oni śluby prostoty (nieprzywiązywania się do dóbr materialnych), celibatu, posłuszeństwa (chęci do kierowania się regułami życia wyłożonymi przez Paramahansę Joganandę) oraz lojalności (deklaracja służenia Self-Realization Fellowship, stowarzyszeniu założonemu przez Paramahansę Joganandę). Sukcesywnie, począwszy od Śri Paramahansy, który był członkiem odgałęzienia *Giri,* starożytnego hinduskiego monastycznego zakonu założonego przez Swamiego Śankaraćarję, mnisi i mniszki Zakonu Self-Realization, którzy składają końcowe śluby, również należą do starożytnego zakonu Śankary. (Patrz *"Swami"*)

www.ingramcontent.com/pod-product-compliance
Lightning Source LLC
Chambersburg PA
CBHW032007040426
42448CB00006B/516